ちくま新書

中華とは何か

――遊牧民からみた古代中国史

松下憲一
Matsushita Kenichi

中華とは何か——遊牧民からみた古代中国史【目次】

第七章　新たな中華の誕生　221

はじめに

中国の歴史をみると、匈奴《きょうど》・鮮卑《せんぴ》・突厥《とっけつ》・契丹《きったん》・女真《じょしん》・蒙古《もうこ》・満洲族《まんしゅうぞく》といった読み方もわからない集団が登場してくる。さらに冒頓単于《ぼくとつぜんう》・耶律阿保機《やりつあぼき》・完顔阿骨打《わんやんあぐだ》・愛新覚羅溥儀《あいしんかくらふぎ》など高校世界史でも登場する人物ですらあやしいのに、赫連勃勃《かくれんぼつぼつ》・沮渠蒙遜《そきょもうそん》・破六韓抜陵《はろくかんばつりょう》となると、もはやお手上げである。ただ普六茹那羅延《ふろくじょならえん》は知らなくても、独孤伽羅《どくこきやら》は知っているという人はいるかもしれない。普六茹那羅延は隋の文帝楊堅のこと、独孤伽羅は楊堅の妻の独孤皇后である。これら集団や人物たちは、中国の歴史の本流ではなく、亜流として突如として登場し、いつの間にか退場している。したがって、中国の歴史における徒花《あだばな》として認識されている。

その要因の一つに中華思想がある。中華思想とは、文明のある世界を中華とし、その中華の周辺には文明を持たない野蛮な夷狄《いてき》がいるという、文明の優劣で人々を区別する発想であり、匈奴や鮮卑などの遊牧民は夷狄とされる。それら夷狄は中華にあこがれ、やがて中華のなかに取り込まれる。従って、遊牧騎馬の強力な軍事力で中国を支配することはあっても、そのうち中華文明に同化して、中華になってしまう。そのため、夷狄は中華に何も残さない、まさしく徒花として長らく中国では考えられてきた。そして現在の中国でも、再びこのような考えが強まっている。

中華の本質とは、夷狄も中華になれるところにある。そもそも中華と夷狄の差は、文明を有するか否かの差であって、血統の違い、いま風に言えば民族の違いではない。だから誰でも中華になれる。逆に言えば、気づけば誰もが中華になっている。これこそが中華の本質であり、中華文明拡大の要因である。中華文明はあらゆるものを内部に取り込んで膨張していく性質をもつ。例えば、匈奴が劉氏を名乗り、漢語を話し、漢文を綴り、漢服を着る。そこにはもはや匈奴の面影はなく、中華の人と見なされる。

さらに中華は「漢」とも呼び変えられる。中華の言語は「漢語」、中華の人は「漢人」「漢族」と呼ばれる。ここに大いなる誤解が生じる原因がある。すなわち中華の人はすべて漢人・漢族であるという誤解である。延いては中国の歴史は漢族の歴史であるという誤解をうむ。

裏を返せば、漢族とは、もともと雑多な出自をもつ人々の集合体であることを意味している。中国の歴史のはじまりから現在に至るまで、漢族は不変であったわけではない。漢族は歴史のなかで様々な人々をその内に取り込みながら形成されてきたのである。よって中華も漢族も雑多な人々によって紡《つむ》がれたものであると考えなければならない。

注意深く中国の歴史をみていくと、そこには夷狄である遊牧民が、中華文明に残した足跡があることに気づく。むしろ中華文明の形成に遊牧民が積極的に関わっていると考えざるを得ないのである。野蛮な夷狄である遊牧民は、文明の中心である中国にあこがれて侵入してきて掠奪や破壊をしたのではない。もちろん、そうしたことがまったくなかったとは言わないが、遊牧民が中国を支配したとき、どうやったら中国を支配できるのかを、中華の伝統に学び、そこから取捨選択して採用した。それが次の時代に継承されていった。よって中華の伝統文化に圧倒されて、中華文明に同化してしまったのではなく、中華文明を主体的に選別し、継承しているのである。そしてまた遊牧民によって新たに持ち込まれて、中華文明の一部になっていったものもある。

本書は、中国の歴史を遊牧民の視点から捉えなおすことで、中華文明の形成における遊牧民の果たした功績を明らかにするものである。なお本書では、遊牧民のことを夷狄と表記しているが、これは従来、中華側からそのように呼ばれてきたことにもとづきあえて表記している。そこに蔑視する意図がないことを、あらかじめお断りしておく。

第一章

中国史にとっての遊牧民

中国の歴史を、五つのステージにわけて、どのように中華文明が形成されていったのかを概観すると、そこに遊牧民が深く関わってきたことが見えてくる。

遊牧とは、どのような生活なのか。それはいつどこで、どのようにしてはじまり、どのように中国と関係を持つようになったのか、本章でみていこう。

†王朝交替

中国史の特徴は、王朝交替と中華文明の持続という、一見すると相反するものである。中国では、最古の王朝である夏から、最後の王朝である清まで、およそ六〇の王朝が交替した。王朝とは、王家・皇帝家を指し、王朝交替とは、支配者の家の交替を意味する。

中国における王朝交替には、軍事力によって支配者が交替する放伐《ほうばつ》と、現支配者が後継者を指名してゆずる禅譲《ぜんじょう》とがある。禅譲は、伝説の五帝である堯《ぎょう》・舜《しゅん》はともかくとして、実際におこなわれた魏晋南北朝・隋唐では、政治権力をにぎったものが強制的に譲らせる王朝交替のパフォーマンスとして実施された。

放伐も禅譲も支配者は天から任命されるという思想、すなわち天命が改まることで支配者も交替するという、革命思想にもとづいている。この思想を利用することで、誰しも支配者になれるのである。同時に、中華の支配者はそれにふさわしい文明を備えなければならない。その

中国史略図

<table>
<tr><th></th><th></th><th>北アジア</th><th>華北</th><th>江南</th><th>四川</th></tr>
<tr><td rowspan="5">第一ステージ</td><td>B.C. 5000</td><td>紅山</td><td>仰韶</td><td>河姆渡</td><td></td></tr>
<tr><td>B.C. 3000</td><td>小河沿</td><td>中原龍山</td><td>良渚</td><td>宝墩</td></tr>
<tr><td>B.C. 2000</td><td rowspan="2">夏家店下層</td><td>二里頭</td><td rowspan="2">馬橋</td><td rowspan="2">三星堆</td></tr>
<tr><td>B.C. 1600</td><td>殷</td></tr>
<tr><td>B.C. 1000</td><td>魏営子</td><td>西周</td><td>湖熟</td><td>十二橋</td></tr>
<tr><td rowspan="4">第二ステージ</td><td>B.C. 770</td><td></td><td colspan="3">春秋</td></tr>
<tr><td>B.C. 403</td><td rowspan="3">匈奴</td><td colspan="3">戦国</td></tr>
<tr><td>B.C. 221</td><td colspan="3">秦</td></tr>
<tr><td>B.C. 202</td><td colspan="3">漢</td></tr>
<tr><td rowspan="6">第三ステージ</td><td>220</td><td rowspan="3">鮮卑</td><td>魏</td><td>呉</td><td>蜀</td></tr>
<tr><td>265</td><td colspan="3">西晋</td></tr>
<tr><td>304</td><td>五胡十六国</td><td colspan="2">東晋</td></tr>
<tr><td>439</td><td>柔然</td><td>北朝</td><td colspan="2">南朝</td></tr>
<tr><td>589</td><td>突厥</td><td colspan="3">隋</td></tr>
<tr><td>618</td><td>ウイグル</td><td colspan="3">唐</td></tr>
<tr><td rowspan="6">第四ステージ</td><td>907</td><td rowspan="2">契丹（遼）</td><td>五代</td><td colspan="2">十国</td></tr>
<tr><td>960</td><td colspan="3">北宋</td></tr>
<tr><td>1115</td><td colspan="2">女真（金）</td><td colspan="2">南宋</td></tr>
<tr><td>1260</td><td colspan="4">モンゴル（元）</td></tr>
<tr><td>1368</td><td>モンゴル
後継諸部</td><td colspan="3">明</td></tr>
<tr><td>1644</td><td colspan="4">満洲族（清）</td></tr>
<tr><td rowspan="2">第五ステージ</td><td>1912</td><td>モンゴル国</td><td colspan="3">中華民国</td></tr>
<tr><td>1949</td><td colspan="4">中華人民共和国</td></tr>
</table>

松下憲一『大学世界史の扉』をもとに作成。菊池一隆・松下憲一・中村敦子・小林隆夫『大学世界史の扉』あるむ、2019年、82頁

ため、支配者たちは中華文明を保護してきた。

王朝交替とあわせて「一治一乱」すなわち統一と分裂を繰り返すことも、中国史の特徴である。すなわち西周と春秋戦国、秦漢と魏晋南北朝、隋唐と五代十国、北宋と金・南宋、元と明・モンゴル後継諸部、清と中華民国である。その歴史の流れで言えば、現在の中華人民共和国のあとは、分裂の時代がおとずれることになる。

分裂の時代をもたらした要因に、北方の遊牧民による中国への進出がある。五胡十六国・北朝・隋・唐・遼・金・元・清は、遊牧民が支配層を占めた異民族王朝(征服王朝・遊牧王朝)であり、そのうち隋・唐・元・清は、中国全土をも支配した。そして秦から清の二〇〇〇年のうちほぼ半分は、異民族王朝の時代にあたる。

王朝交替を繰り返し、ときに遊牧民が支配者となりながらも、中華文明は現在に至るまで存続してきた。その理由はどこにあるのか。中華文明を代表する中華思想にそのヒミツがある。中華思想には、中華と夷狄を区別する排他的な側面と、徳を持つ者が中華であり、夷狄もその徳に感化されて中華になるという融合的な側面がある。中華世界を支配する資格は、有徳者であることで、天から任命される。よって民族や出自は関係ない。このことが異民族支配者にとっては好都合だった。異民族の支配者は、この中華思想を利用し、中華文明を保護することで、みずからの中国支配を正当化した。そのために王朝交替や異民族支配がおきても中華文明は途絶えることはなかった。

ただし、中華文明が形成されてから現在まで、まったく変化しなかったわけではない。中華文明は、継承されていくものと新たに受容されるものとが随時、取捨選択され、混じり合って変容していくのである。

†中華文明の存続

中華文明は、原型がつくられてから現在に至るまで、五つのステージをへて変容してきた。

第一ステージ（新石器文化〜西周）は、中華文明の原型が形成される時期にあたる。前五千年紀以降、農耕に基盤をおく新石器文化が中国各地に栄えたが、前三千年紀以降の乾燥寒冷化により、黄土高原では牧畜へと移行して、農牧境界地帯が形成された。前二千年紀、黄河中流域に初期国家（二里頭文化）が誕生し、ついで黄河中流域に殷王朝が成立した。そのころ黄土高原で牧畜生活をおくっていた周が殷を倒して、黄河流域を支配した。この時期、都市の発生、青銅器の使用、車馬の使用、漢字の発生、天命思想などに代表される中華文明の原型が形成されたが、青銅器・車・馬は外から持ち込まれた。

第二ステージ（春秋〜漢）は、第一ステージの中華文明が変容して中華古典文明が成立する時期にあたる。周の天子の権威が衰え、各地の諸侯が台頭した春秋時代、諸侯の代表たる覇者は諸侯同盟を結成し、同盟の構成員を中華とし、同盟に入らないものを夷狄とした。戦国時代になると、戦国七雄の支配する範囲が中華であるという認識が生まれ、秦の統一により、秦の支配領域が天下であり、中華であるとされた。戦国中頃、北方に騎馬遊牧民が出現し、そのなかから匈奴が台頭し、漢と対峙した。これにより、漢＝中華＝文明、匈奴＝夷狄＝野蛮という構図ができあがった。騎馬遊牧民の登場により、中華世界に騎馬が導入された。漢では皇帝による冊封《さくほう》体制が形成され、周辺諸国も中華に組み込まれた。またそれを支える国家理念としての儒教が確立した。

第三ステージ（魏晋〜唐）は、第二ステージの中華古典文明が変容拡大して、胡漢融合の中華世界が出現した。漢の滅亡後の魏晋南北朝では、華北に遊牧民が進出して国家を建設し、江南の漢族国家と対峙した。華北を支配した五胡・北朝では、胡族支配者が漢族をどのように統治するか試行錯誤を重ねていった。一方、江南に移動した漢族は、江南の地に新たな中華世界を形成していった。隋唐は、五胡北朝の支配者たちの成功と失敗の積み重ねのうえに、遊牧民（北朝）と漢族（南朝）とを融合した国家を作り上げた。それにより胡族と漢族をあわせた貴族制社会が成立し、儒教・仏教・道教の三教が成立し、ソグド人がもたらした胡風文化が中華の一部となった。

第四ステージ（五代十国〜アヘン戦争）は、第三ステージの胡漢融合の中華文明が変容して、中華世界がユーラシア全体と結ばれた。この時期の特徴として、契丹・女真・タングート・モンゴル・マンジュ（満洲族）など周辺民族が独自の文字を持ち、国家制度も胡漢二元体制を採用するなど、中華の相対化がはかられた。さらにモンゴル帝国がユーラシアを支配したことで、ユーラシア全域をおおうネットワークが成立して、中華世界はほかの世界と密接に結ばれた。

第五ステージ（アヘン戦争～中華人民共和国）は、第四ステージの中華文明が変容して現在につながる中華文明が成立する時期にあたる。アヘン戦争に敗れた清は、西洋の学問・技術を中華文明のなかに組み込む「中体西用」を採用した。清が倒されてアジア初の共和国として成立した中華民国は、多民族を統合するため、「中華民族」の創出をめざした。そこでは少数民族の漢民族化が推し進められ、現在の中華人民共和国ではその流れが加速している。また現在進むグローバル化のなかで、西欧文化を取り込んだ新たな中華が誕生しつつある一方、これまで継承されてきた儒教などは失われつつある。

ステージを移行するには、内的要因と外的要因の二つが必要不可欠である。内的要因は中華の伝統の変容を指す。例えば、漢字は甲骨文字からはじまり、金文《きんぶん》⇩篆書《てんしょ》・隷書《れいしょ》⇩楷書《かいしょ》・行《ぎょう》書《しょ》・草書《そうしょ》と書体は変化し、現代では簡体字《かんたいじ》になった。書体の変化だけでなく、発音も上古音（周から漢）⇩中古音（南北朝から宋）⇩近古音（宋から清）と変化した。

また儒教も春秋末の孔子にはじまり、戦国時代には、孟子（性善説）や荀子（性悪説）などが派生し、南宋では朱子学、明では陽明学が派生した。時代に応じて儒教も変化してきたのである。

一方、外的要因として、中華世界にイス・テーブル・仏教など新たな要素をもたらしたのは、おもに支配者となった遊牧民である。彼らはそれまでの中華文明を破壊するのではなく、取捨選択のすえに受容すると同時に、新たな要素を織り込んだ。異民族王朝の支配者が、中華文明を受け入れることを「漢化」と呼んで、野蛮な遊牧民が中華文明に憧れてみずから染まっていったと言われたが、そんな単純なものではない。

遊牧民により新たなものが中華世界に持ち込まれ、中華世界に定着した面も見逃してはならない。さらに中華文明は、その発生から今日にいたるまで、漢族だけがその担い手であったわけではないし、その漢族も不変であったわけではない。中華文明は、担い手も含め様々なものを内部に取り込み、変容しながら存続してきたのである。

†中国の地理

現在の中華人民共和国の国土は、約九六〇万平方キロで、世界第三位の広さをもつが、これは清朝の支配領域のうち、外蒙古（現モンゴル国）と台湾を除いた部分を継承したものである。しかし伝統的に中国と言えば、秦の統一した範囲を指し（内中国・中国本土）、その外側に広が

農牧の境界

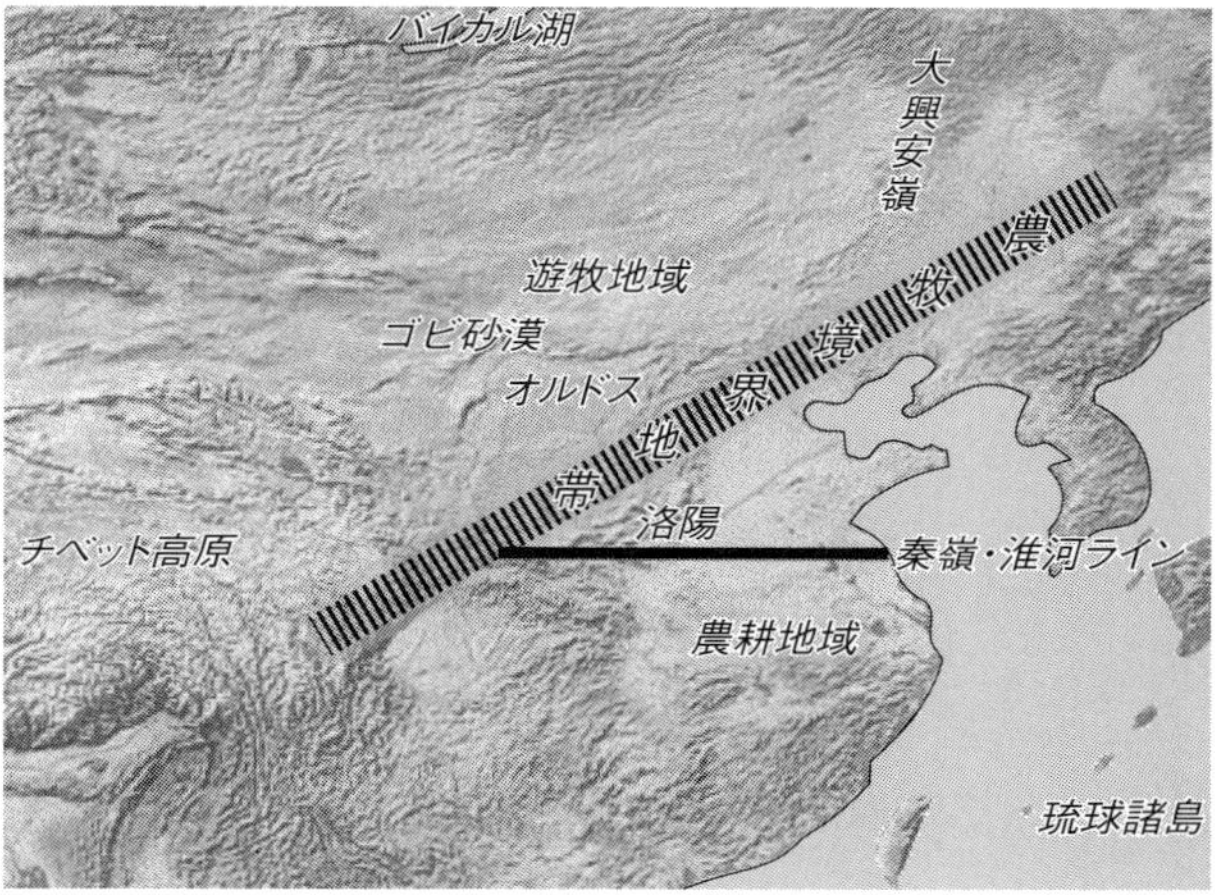

る地域（外中国）、すなわち東北部（マンチュリア）、内蒙古、新疆、チベットには漢族とは異なる民族が居住していた。そのため現在も東北部を除いて外中国には民族自治区が置かれている。

中国本土は「南船北馬」という言葉に代表されるように、秦嶺《しんれい》・淮河《わいが》ラインの北と南とでは気候が大きく異なる。黄河流域の華北は、大陸性気候に属し、降水量が少なく乾燥している。黄土高原では、アワ・キビ・ムギなどの畑作が行われ、牧畜も盛んである。一方、長江流域の江南は、海洋性気候に属し、降水量が多く湿潤で、水稲栽培が行われている。

ここで注意したいのは、華北に農牧境界地帯があることである。農牧境界地帯とは、農業地域と遊牧地域とが交錯する、年平均降水量が二五〇ミリから五〇〇ミリの乾燥地にあたる。北は大興安嶺《だいこうあんれい》の東麓から、遼河《りょうが》上流域、陰山山脈、オルドス、チベット高原の東端へとのびる一帯である。ここは気候変動の影響を受けやすく、気温の上下が遊牧民の南下と連動する。中国史において、たびたび発生した遊牧民の南下による農耕地域の支配は、もともと華北が遊牧にも適した土地であったことに起因する。くわえて前近代においては、馬が軍事の主力を占め、優秀な騎馬軍団を組織することが、国家の建設・維持には不可欠であった。農牧境界地帯は、馬の生産・供給地としての役割を果たし、ここをおさえることが国家建設には重要であった。

†生活スタイル

夏のモンゴルにいくと、青々とした草原に、白いゲルが散在しているのがみえる。広い山裾で家畜の群れがゆったりと草を食《は》んでいる。馬に乗った牧民が家畜を見守っている。こうした風景は、いつごろ成立したのであろうか。人類はいつごろ羊や山羊を飼い始めたのか。いつ馬の背中に乗ったのか。ここでは、遊牧の成り立ちについてみていく。

遊牧とは、どのような生活スタイルなのかをイメージするために、モンゴル高原に暮らす遊牧民の一年をみてみよう。モンゴルの四季は、春（ハワル）が三月から五月、夏（ゾン）が六月から八月、秋（ナマル）が九月から一一月、冬（ウブル）が一二月から二月となっている。

夏のモンゴル高原（筆者撮影）

最高気温がプラスになるのは三月以降で、七月には最高気温が三〇度を超えることもあるが、一〇月には最高気温はマイナスに転じ、最も寒い一二月から一月はマイナス三〇度以下にもなる。また一日の寒暖差も大きく、日中と朝晩の温度差が二〇から三〇度近くになる。年間降水量は二四〇ミリ程度で、その大半は六月から一〇月に集中している。

このような過酷な環境のなか、遊牧民は冬営地（一一月〜三月）と夏営地（六月〜八月）の間およそ四〇キロを二か月ほどかけて家畜をつれて移動する。移動先は家族ごと決まっていて、毎年おなじルートを往復する。冬営地は、北西からの寒風を避けることができる山麓南側や谷あいなどに設定され、山羊と羊のための石囲いが築かれる。冬営地にいる間、山羊と羊が出産時期をむかえる。

一方、夏営地は、水源と牧草が豊富な場所に設定され、山羊や羊を放牧して肥らせ、乳を搾り、チーズなどに加工する。飼育する家畜は、山羊と羊をメインに牛をあわせ、それらの乳・肉・毛皮を利用する。馬は移動と家畜の放牧管理をメインに乳も馬乳酒に利用される。場所によってラクダを飼っているが、ラクダはおもに移動時の運搬用である。

年に二回、春と秋に大規模な移動をするため、住居は組み立て式のゲルである。骨組みは木製で、その外側をフェルトでおおう。円形のゲルは、強風でもうまく風を逃がすため倒壊することはない。ゲルの中央には天窓が開いていて、そこから差し込む太陽光が室内を照らす。ゲル側面のフェルトを巻き上げれば、風が入って夏でも涼しく、ゲル内のかまどに火を入れればすぐに温まるので冬でも暖かい。

ゲルには、父と母と子供たちの一家五人程度が住み、家族みんなで作業を分担しながら生活している。男性は放牧をおもな仕事とし、毛刈りや家畜の屠殺などをする。女性は乳しぼりと乳加工をおもな仕事とし、毛糸紡ぎや裁縫などをする。冬営地にいる半年間、毎朝家族総出で家畜の糞を拾い集めるが、山羊と羊の丸い糞は集めて家畜の寝床に敷く。糞は昼間に太陽熱を蓄えて床暖房の役割を果たす。牛とラクダの糞は燃料用として使われる。

遊牧社会における男女共同作業が、女性の発言権の強さに関係しているように思われる。もちろん農耕社会においても男女共同作業があるわけで、遊牧と農耕という生業《なりわい》の違いに女性の発言権の強さの要因を単純に求めることはできない。ただ中国の上流階級（士大夫《したいふ》層）の場合、儒教の影響がやはり大きい。女性は家庭を守り、男性を支えるものという儒教の男女の役割分担の考え方が浸透しているため、女性が表社会に出てくるのを嫌う。女性が政治を行うことを「牝鶏之晨《ひんけいのしん》」（雌鶏がときを告げる）という異常事態として忌避する。

しかし遊牧民が支配者として中国に進出したときには、儒教の考え方に縛られなかった。五胡十六国から唐にかけて、騎馬に乗った女性が皇后を警護したり、郊外に遊びにいったりする光景がみられるのも、女性は家のなかにいるべしという儒教の教えに従わない、自由闊達な気風が社会にあふれていたからであろう。

†女性の地位の高さ

江上波夫に「ユーラシア大陸の騎馬民族における女性、特に寡婦と第一夫人たる后妃《こうひ》の地位・役割の重要性」という文章がある。そのなかで江上は、ユーラシア大陸の草原地帯を中心に活動し、興亡を繰り返した騎馬民族に特徴的な現象の一つとして、男女がほとんど同権で、仕事の上でも男女の区別があまりなく、特に寡婦の社会的地位や政治的役割が大きいと述べている。その事例として、サルマタイの女性が馬にまたがって男性とともに、あるいは男性とは別に、しばしば狩猟に出かけ、また男性と同じ服装をして出陣もするとヘロドトス『歴史』が書いているのを紹介している。

また匈奴の冒頓単于《ぼくとつぜんう》が漢の劉邦と白登山《はくとうざん》で戦ったとき、冒頓単于の閼氏《あつし》（妃）が戦争の中止を単于に告げたことなども紹介している。ユーラシアの騎馬民族では、王侯・貴族の第一夫人である后妃は、夫の死後に夫にかわって国政にあずかり、部族を管理し、後継者選びに主導的な立場を発揮する。遊牧社会における女性の地位の高さは、こうした遊牧生活に関係があるという。

さらに近年、楊海英は、モンゴル帝国において女性が重要な役割を果たしたことを、その文化的背景から読み解く。遊牧民の世界では、母性愛こそが重要であり、母や妻、姉妹からの愛が男たちを包みこみ、遊牧戦士を前へと突き動かす。「お母さん」という言葉を聞いただけで、屈強な遊牧の戦士は例外なく涙ぐむ。それほどモンゴルの男たちは「マザコン」で、女のいない遊牧民の歴史は成り立たない。女こそ、ユーラシアの歴史を深奥から推し進めるエンジンだったと述べている。本書でも、歴史を動かした女性に注目していく。

†遊牧の起源

遊牧とは、羊・山羊・牛などの家畜を飼育して、その乳や肉、皮や毛を利用して生活する牧

牧畜の拡散

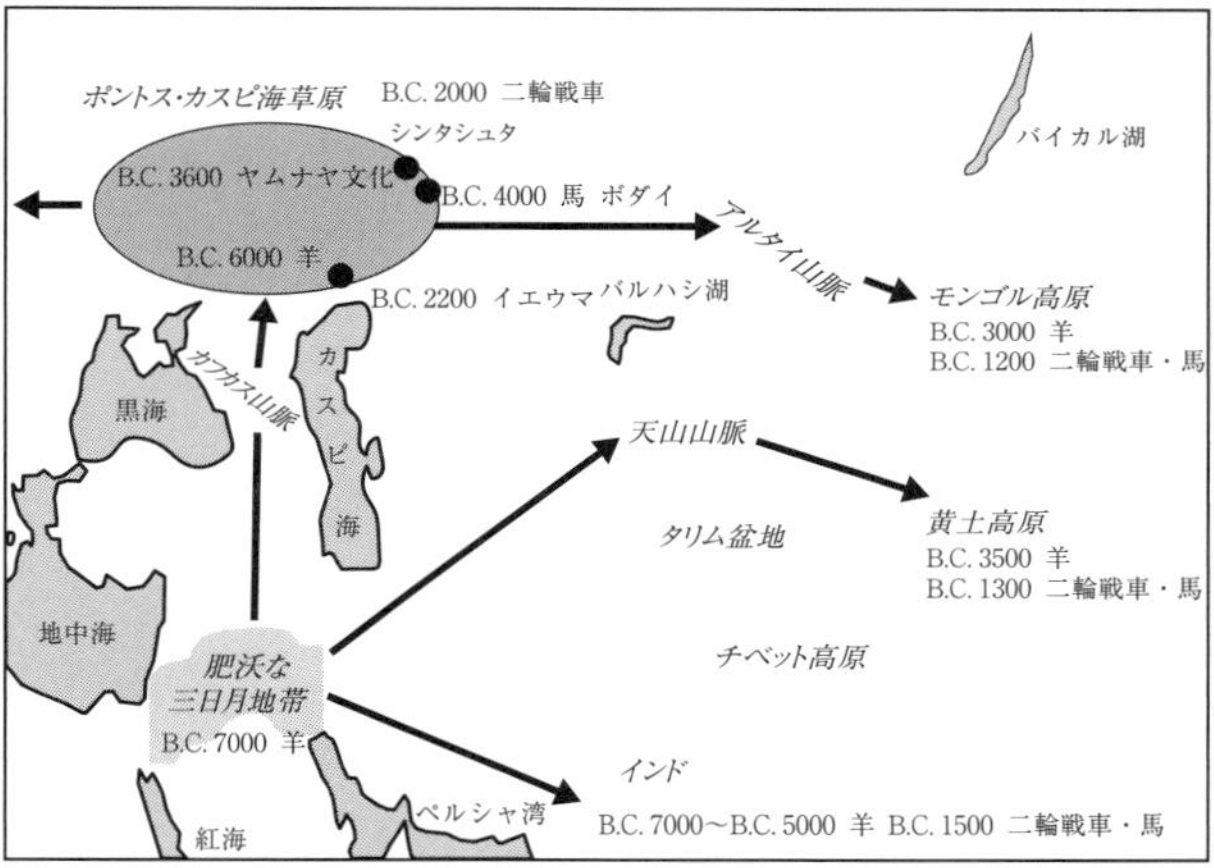

遺跡の場所

畜の一種で、家畜を連れて季節ごとに居住地を変えることを指す。前八五〇〇年ごろ、西アジアの「肥沃な三日月地帯」に住む農耕民が、定住集落の周辺にいた野生の山羊や羊を捕獲して飼育したことが、牧畜のはじまりとされる。だが、本格的に牧畜が行われるようになるのは、前七〇〇〇年ごろ。定住集落の周辺の放牧から、やがて農耕地との競合をさけるため、遠方まで家畜を連れていくようになり、徐々に移動の範囲を拡大していった。前六〇〇〇年ごろには、牧畜は西アジアからユーラシア各地へと拡散していった。

　牧畜拡散の背景には、家畜の乳をチーズなどに加工し、保存する技術と、牛を使って物資を運搬する技術の確立が関係しているとされる。それと同時に人類が乳タンパク質の分解酵素を獲得したことも重要である。牛乳を飲んでお腹がゆるくなる体質では、遊牧生活を送るのは難しい。

またユーラシア各地に牧畜民が拡散していく過程で、それぞれの地域にあわせた生活が営まれた。農耕を基盤として集落に家畜を係留するスタイル、集落の周辺で家畜を放牧するスタイル、標高差を利用して家畜を連れて季節移動するスタイルなど、それぞれの環境に適した牧畜が編み出されていった。

前六千年紀には、黒海の北側からカスピ海の北側のポントス・カスピ海草原に農耕牧畜が伝わっていたが、前三千年紀からの寒冷乾燥化にともない、黒海北岸では、森林が消えて草原が広がった。この地に暮らす人々は、四輪荷車（ワゴン）にテントや水・食糧を積んで、羊の群れをつれて草原を移動した。この文化をヤムナヤ文化という。

ヤムナヤ文化を築いた人々は、家畜と車を利用して、一方はヨーロッパへ、もう一方は東へ拡散し、前三五〇〇年ごろ、中央アジア北東部からシベリア南部にかけて、アファナシェヴォ文化を生み出した。この文化は、前三〇〇〇年ごろにはモンゴル西部、新疆北部にまで広がったが、この文化の担い手は、ゲノム分析により西ユーラシア人（コーカソイド）であったことがわかっている。定住集落はなく、動物の乳や肉を食べていたことから、季節移動する遊牧民であったと推定されている。その流れの一部なのか判然としないが、前三五〇〇年頃には、黄河上流域に麦と羊がもたらされたが、中国で本格的に牧畜がはじまるのは、前二〇〇〇年以降のことである。

アファナシェヴォ文化は、チェムルチェグ文化（前二九〇〇年〜前一七〇〇年ごろ）に移行したが、この文化はアルタイ山脈北部を中心とし、その担い手は、西ユーラシア人と東ユーラシア人（モンゴロイド）の両方の特徴をもち、山羊・羊・牛を飼い、山羊と羊の乳タンパク質を摂取していた。西方からやってきた牧畜民が、在地の集団と混血し、この地に牧畜を持ち込んだ。前二〇〇〇年以降のさらなる寒冷乾燥化によって、森林が減少して草原化が進んだ。これによりアルタイ山脈周辺からモンゴル高原西北部、天山山脈周辺にかけて、家畜を連れて季節移動する遊牧が広まっていった。

†馬の家畜化

遊牧民というと馬上の民というイメージが強いが、馬の家畜化は、山羊・羊・牛にくらべて遅い。馬の家畜化が行われた場所として注目されたのは、カザフスタンにあるボダイ遺跡である。この遺跡は、前三七〇〇年〜前三一〇〇年ごろのもので、三〇万点をこえる馬の骨が出土したほか、轡《くつわ》の痕跡と思われる骨の変形が認められた。また土器から馬乳由来の脂肪酸が検出されたことなどから、ここボダイで馬が家畜化されたと考えられた。しかしその後に行われた

DNA研究の結果、出土した馬の骨はブルジェヴァルスキー馬（モウコノウマ）で、現在の家畜馬（イエウマ）にはつながらないことが判明した。

では、現在の馬はいつどこで家畜化されたのか。最新のDNA研究によると、前二二〇〇年ごろ、北カフカスのステップ地帯、ドン川とヴォルガ川の下流域で家畜化されたことが明らかとなった。ここで家畜化された馬が、ユーラシア各地に広がっていった。地中海地域の馬も黄河流域の馬も、もとをたどればすべてここで家畜化された馬の子孫というから驚きである。

馬の家畜化の目的については、他の家畜と同様、乳や肉の利用にくわえて、乗用を試みた証拠がわずかながら見つかっている。しかし馬の家畜化の当初から、車馬や騎馬が確立されていたわけではなく、前二〇〇〇年ごろまでに、試行錯誤をへて成し遂げられたようである。

このころ中国にも馬が伝わるが、当初は戦車を牽引する目的で使用され、前八世紀ごろに騎乗がはじまる。騎乗技術を獲得した遊牧民は、高速移動・長距離移動・物資輸送の方法を手に入れ、広範囲に国家を築いて農耕国家と対峙することになる。

†車の発明

前四〇〇〇年前半、中・東欧とメソポタミアにおいて、牛にひかせる四輪車輌（ワゴン）が出現した。前三〇〇〇年前半には、メソポタミアにおいて、ロバにひかせる四輪車輌と二輪車輌が登場する。それら車輌を描いた図像には、槍や戦斧などの武器をもった人物が描かれているが、四輪では方向転換はむずかしく、車体も重くスピードも出ない。また二輪は荷台がせまく一人乗りでは車をコントロールするのに手いっぱいで、武器を持って戦うことはできない。そのため初期の車輌は、戦車というよりは、戦場にいくまでの移動手段や儀式用のものであったと考えられている。ただ、この時期の車輌は、轅《ながえ》によって牽引動物が車輌を支えるスタイルとなっており、のちに世界を席捲する二輪スポーク戦車（チャリオット）の原型がすでに確立されていた。

二輪スポーク戦車復元図
（シンタシュタ SM30号墓）

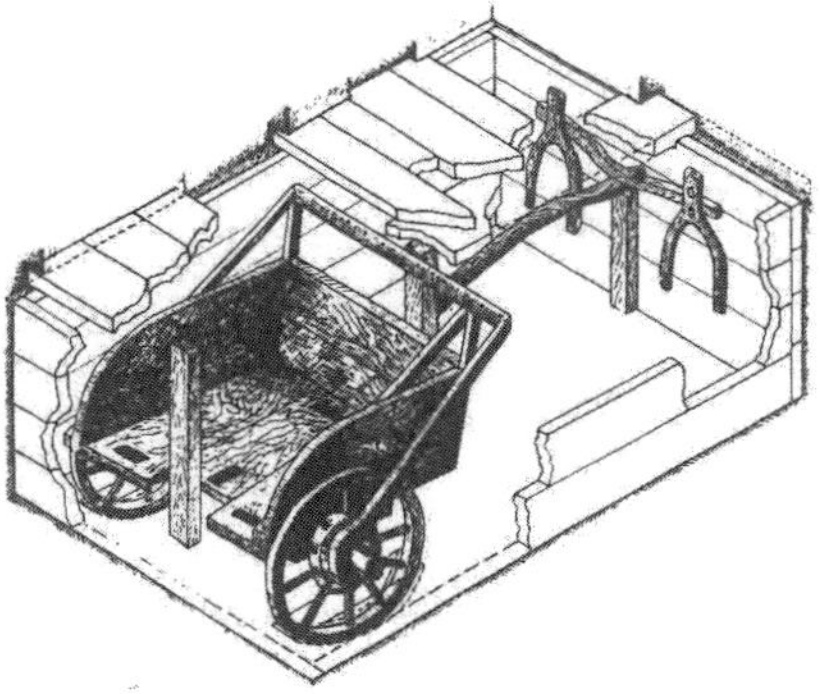

諫早直人・向井佑介編『馬・車馬・騎馬の考古学』臨川書店、2023 年、21 頁

二輪戦車は、メソポタミアで開発されたが、車輪は板状で重かった。前二〇〇〇年前半、スポーク式の車輪がカスピ海北側のシンタシュタ文化で発明された。シンタシュタ文化の墓から、戦車の車輪と車軸、二頭の馬、矛・短剣・鏃《やじり》が見つかっている。このことから、二頭の馬にひかせる二輪スポーク戦車と弓が使用されたことがわかる。また御者と兵士二

人が乗車できるように、荷台も改良されている。

メソポタミアで開発された二輪戦車が、北の草原地帯に伝わり、シンタシュタ文化でスポーク式二輪戦車に改良された。車輛が軽量化されたことで、馬にひかせてスピードもアップした。馬にひかせるために骨角製の鑣《ひょう》（銜留《はみとめ》）も発明された。

こうした馬具の改良と戦車の改良により、機動力と戦闘力を向上させた二輪スポーク戦車は、瞬く間に、西はヨーロッパから、東は中国まで拡散した。中国には、前一三世紀の殷後半に、突如として二輪スポーク戦車が登場する。どのルートで中国にもたらされたのか、明確なことはわかっていないが、西北地域から中原に入るルート、もしくは草原地帯を通って東北地域から中原に入るルートが考えられる。

†インド・ヨーロッパ語族の広がり

インド・ヨーロッパ語族（印欧語族）と聞くと、インドで使用されているヒンディー語とヨーロッパで使用されているフランス語がどうして同じ語族とされているのか不思議でならない。そのほかにも、サンスクリット語・ペルシア語・ソグド語・トカラ語・ヒッタイト語なども含まれる。この語族の広がりは、東は中央アジア、南はインド・南西はイラン、西は東欧・西欧まで及んでいる。印欧語はそのもととなる印欧祖語があって、印欧祖語を話す人々がユーラシア各地に広がっていったと考えられている。

印欧祖語を話す集団の源郷がどこか、これまで多くの仮説が提示されてきた。そのなかで現在注目されているのは、アンソニーが唱えたポントス・カスピ海ステップを源郷とする説で、古代ゲノム解析の結果も、前三〇〇〇年以降、ポントス・カスピ海ステップのヤムナヤ文化集団が東西に拡散していったことを示す。ヤムナヤ文化集団は、家畜と車を利用することで、東西に拡散していったと考えられている。

メソポタミアの粘土板（前2000年頃）

『馬・車馬・騎馬の考古学』31頁

†騎乗のはじまり

かつて馬の家畜化と同時に、騎乗がはじまったと考えられていた。しかし馬が家畜化されてから車馬や騎馬といった利用がされるまでには、三〇〇〇年という長い時間を要していることから、馬をコントロールするには、かなりの技術が必要であることがわかる。騎乗のはじまりとして、前二〇〇〇年頃のメソポタミアの粘土板に、馬の背の後方に「ロバ乗り」をしている事例がある。ただ手綱がなかったり、鼻輪に手綱をつないでいたりと、

石家河文化の動物土偶
（前2600～前2000年頃）

稲畑耕一郎監修『図説中国文明史1 先史　文明への胎動』創元社、2006年、218頁

まだ乗り方が確立する以前の騎乗法だったようである。

馬を自由に操縦するために必要な馬具として、棒状鑣《ぼうじょうひょう》と連結銜《れんけつはみ》がある。これらがセットで登場するのが、前一二〇〇年から前一〇〇〇年ごろの黒海北岸であったことが、近年の研究で明らかにされた。

黒海北岸にはじまる騎乗法が、草原地帯に広まり、やがて前八世紀にスキタイ系文化を生み出したが、そのスキタイ系文化の起源を考えるうえで重要な遺跡が、南シベリアのアルジャン1号墓である。この墓は、前九世紀後半から前八世紀前半とされるが、直径一二〇メートルの墳丘のなかに、男女が埋葬され、一六〇体の馬が殉葬されていた。この巨大な墓は、この地に王権が存在したことを物語る。と同時に、この墓から出土した青銅製の馬具と武器の多くが、黒海北岸の先スキタイ時代のものと極めて似ていることがわかった。さらにスキタイを象徴する動物紋様の装飾品は、黒海北岸の先スキタイ時代のものより古いものであった。そのため、スキタイ系文化は、ここ南シベリアではじまり、西方へと拡散して黒海北岸まで及んだと考えられている。

中国では殷後期に騎乗があったとする研究者もいるが、戦車をひく馬は見つかっているが、騎乗した明確な証拠はなく、つづく周でも騎乗は見られない。中国での騎乗の明確な証拠としてあげられるのは、前八世紀、遼西の夏家店上層《かかてんじょうそう》文化の騎乗する人物像を二組配した銅環である。ただこの騎乗する人物は、いずれもロバ乗りとみられる。

一方、長江中流域の石家河《せきかが》文化の鄧家湾《とうかわん》遺跡（前二六〇〇年〜前二〇〇〇年ごろ）で発見された動物土偶には、馬に騎乗したとおぼしきものがある。これが騎乗だとすると、中国における最古の騎乗例となる。

†中国と牧畜

前三五〇〇年ごろ、中国西北部の黄土高原に羊が出現する。ムギとともに西アジアから中央アジアを経由して持ち込まれたと考えられている。ついで前三〇〇〇年末に、牛が黄河上流域と華北平原に到達した。このころ牛にひかせる車も伝わっている。

馬はそれよりおくれて遼河上流域や黄河上流域に伝わり、前二千年紀後半になって中原に伝わった。前二〇〇〇年ごろの寒冷乾燥化のなかで、黄土高原地帯では、アワ、キビの雑穀栽培と豚の飼育を中心とする農業から、羊の飼育を中心とする農業へと転換し、さらに羊、牛、馬の飼育を中心とする半農半牧あるいは牧畜へと徐々に転換していったとされる。

†モンゴル高原の遊牧

前二〇〇〇年ごろの乾燥寒冷化にともない、モンゴル高原でも、森林から草原へと環境がかわり、それに適合する生活スタイルである遊牧が、徐々に広がっていったと考えられている。前一四〇〇年ごろ、北モンゴリア各地にヘレクスル（ヒルギスール）とよばれる積石塚《つみいしづか》が出現する。小型のヘレクスルは墓、大型のヘレクスルは祭祀場であったと考えられている。

北モンゴリアでは、七八〇〇基のヘレクスルが発見されているが、どれも見通しのよい場所につくられている。ヘレクスル外側には、石を積んだ構造物（サテライト集石）が付随するが、ここには馬の頭骨が埋納されている。サテライト集石一基に一頭の割合で馬が埋納されているとすると、巨大ヘレクスルでは、二〇〇〇頭が埋められている計算になる。しかも働き盛りの馬を多く埋納していることから、巨大ヘレクスルを建設した者は、その地域のいわゆる支配者だったと思われる。

一般的に被葬者の社会的地位が高いほど墓も大型化し、副葬品も豊富で豪華になる。ただへレクスルの場合、そのようなパターンが当てはまらない。そこで巨大ヘレクスルは、遊牧社会において、共同体の統合と連携の象徴として築かれたとする説が有力視されている。このような共同体がやがて部族に発展し、さらに部族同士を統合する広域の支配者が出現してくる。

前七〇〇〇年ごろ、西アジアではじまった牧畜が、前六〇〇〇年ごろ草原地帯に伝わり、徐々に東方へと拡散して、前三五〇〇年ごろ、中国の黄土高原に伝わった。最初は羊、ついで牛がやってきた。馬は前三〇〇〇年ごろまでに家畜化されたが、そのころ家畜化された馬は、現在の馬の祖先ではなかった。このころ、寒冷乾燥化がすすみ、ユーラシアの各地で森林から草原へと環境が変化した。それにともない、牧畜から遊牧へと生活スタイルも変化した。

前二〇〇〇年ごろ、北カフカスで馬が家畜化されると、同じころカスピ海北側で改良された二輪スポーク戦車とともに、瞬く間にユーラシア各地に拡散していった。しかし馬の騎乗が現れるのは、前一〇〇〇年ごろで、前九世紀後半の南シベリアに出現した騎馬遊牧民は、西方へと拡大し、前八世紀にはカスピ海から黒海北側に広がるスキタイ系文化を築いた。

一方、中国では、前一三世紀の殷後期に二輪スポーク戦車と馬が伝わるが、騎馬遊牧民が現れるのは、もっとおそく前四世紀なかごろの戦国時代のことである。羊・牛・馬を飼う牧畜生活は中国にもモンゴル高原にも及んでいたが、そこから騎馬遊牧民が出現するまでには、タイムラグがあった。

第二章

中華文明の成立と夷狄

前五千年紀以降、農耕に基盤をおく新石器文化が中国各地に栄えたが、前三千年紀以降の乾燥寒冷化により、黄土高原では牧畜へと移行し、前二千年紀、黄河中流域に初期国家（二里頭文化）が誕生した。

ついで黄河中流域を中心に殷王朝が成立し、さらに黄土高原に興った周がそれにかわる。この時期、都市の発生、青銅器の使用、車馬の使用、漢字の発生、天命思想などに代表される中華文明の原型が形成された。

この章では、殷周の人々から異文化集団とされた人々の成り立ちと、殷周との関わりについてみていく。

1　農牧境界地帯の形成

†気候変動と社会の階層化

前六〇〇〇年から前三〇〇〇年ごろ、ヒプシサーマル期とよばれる気候の最温暖期をむかえ、中国各地にアワ・キビ・イネなどの定住農耕に基盤をおく新石器文化がさかえた。やがて前三〇〇〇年ごろから気候は徐々に寒冷乾燥化にむかい、それまでの温暖な気候のなかで人口は増加したが、反対に耕作地は不足した。そのため人々は少ない耕作地や食糧をめぐって争うようになった。この時期、城壁に囲まれた大型集落が出現したり、武器としての石鏃が大型化するなど、集落間の抗争が激化したことがわかる。また大型の祭祀遺跡がつくられたり、大量の玉器を副葬した大型の墓が出現するなど、社会の階層化が進んで首長が現れた。

寒冷乾燥化がすすむなかで、黄河上流域や内蒙古中南部では、森林が減少して草原へ環境が変化した。それにより森林での野生動物の狩猟、とりわけ鹿の狩猟が減少して、豚・牛・羊を飼育する牧畜が増加した。遼西地域では、やや遅れて前二〇〇〇年ごろに牧畜へ移行していった。これらの地域は、戦国時代以降に長城が築かれることから、宮本一夫は「長城地帯」と命名している。農牧境界地帯にあたる長城地帯は、乾燥寒冷化にともなって農耕から、牧畜への比重を高めた牧畜型農耕に移行した。長城地帯のなかで高緯度地帯に住む人々は、そののち遊牧へと移行すると考えられている。長城地帯では、青銅器の装飾品に共通性を有する文化圏がしだいに形成されていき、前八世紀ころ、遊牧文化の特色をもつオルドス青銅器文化が生まれる。

また黄河上流域の牧畜社会のなかから、卜骨《ぼくこつ》の風習がうまれる。卜骨とは、牛・羊・豚などの家畜動物の肩甲骨を焼いて生じた亀裂から吉凶を占い、未来を知る祭祀方法である。中国における卜骨の起源は、前四〇〇〇年ごろ、甘粛の馬家窯《ばかよう》文化にはじまり、前三〇〇〇年ごろには、黄河中下流域にも広がった。殷前期になると、牛に特化した卜骨がはじまり、殷後期には亀の甲羅をもちいた卜甲がくわわる。と同時に、甲骨文字が出現する。殷の甲骨占いは有名だが、その起源をたどると牧畜社会にあった。

†初期国家の成立

前二〇〇〇年ごろ、長江流域の新石器文化が衰退する一方で、黄河中流域に二里頭文化が成立した。この二里頭文化では、祭祀用の青銅器・玉器・トルコ石を装飾した牌、宮殿遺跡など王権を象徴する遺物が多数発見された。そこでこの文化を残した人々は歴史書にある「夏王朝」と推定されている。二里頭文化の直接的な支配は、黄河中流域に限られているが、二里頭文化の陶器や玉器は、中国各地から見つかっており、二里頭文化が周辺地域にも及んでいたことがわかる。

二里頭文化のつぎに黄河中流域に出現した二里岡文化は、殷王朝の前期にあたるとされる。二里岡文化の青銅器は、さらに広範囲の華北から華中に及んでいる。これは殷王朝の人々が各地に移住して都市を建設していったことと関係する。黄河中流域の王朝の住民が周辺地域へ移住し、それにともなってその王朝の文化が広がっていくという現象は、その後の周でもみられる。

初期国家地図

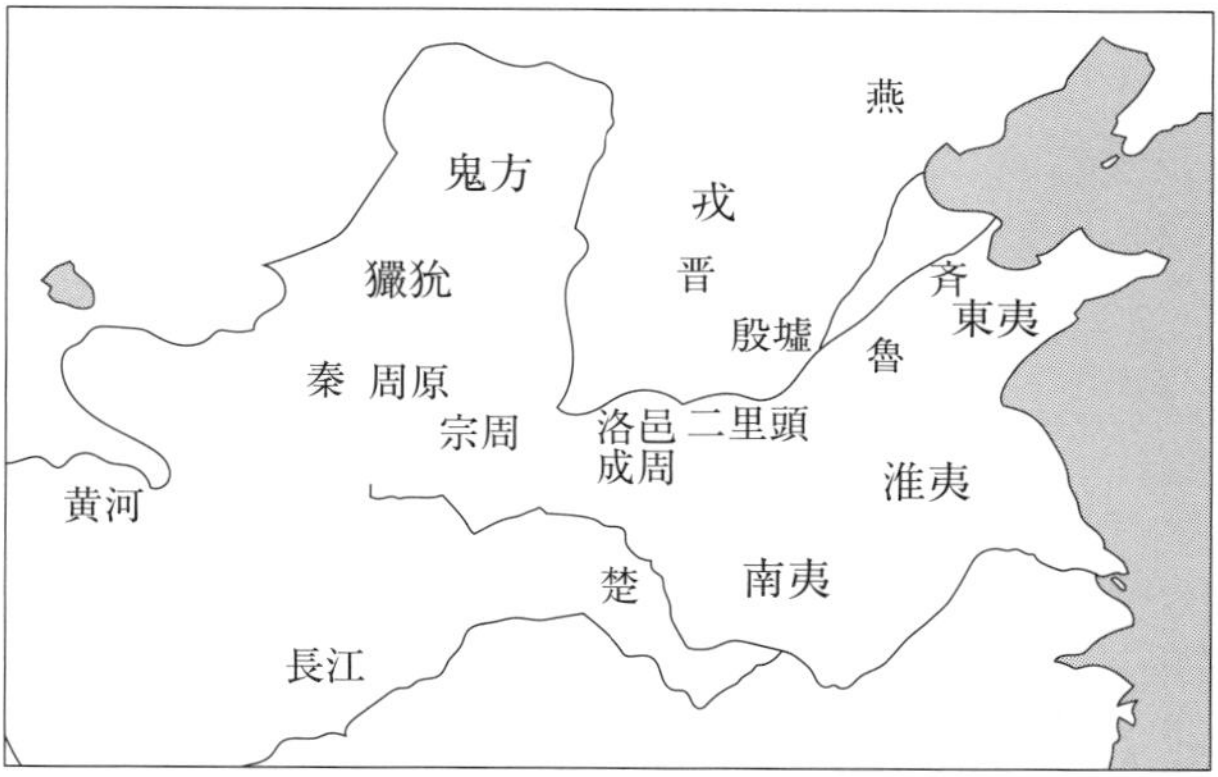

殷を倒した周は、もともと陝西省西部に居住して牧畜と農耕をしていたが、しだいに東方へと勢力を広げ、前一一世紀末に殷を滅ぼすと、山東・淮河・長江以北・河北の要地に諸侯を封建した。それにより漢字・青銅器・城壁都市に代表される中原文明が黄河・長江流域に拡散・定着し、中華文明の原型をつくりあげた。

一方、長城地帯は、夏・殷・周の中心地である中原地域と交流をもちつつも、独自の文化圏を形成していく。長城地帯で見られる北方系青銅器文化は、当初は中原にも広がっていたが、春秋から戦国にかけて、中原系と北方系の差異が明確化し、ついには長城を境界とする中華と夷狄の対峙へと進む。その萌芽は、前二〇〇〇年以降の寒冷乾燥化にともなう黄土高原の牧畜への移行にあった。すなわち、前二〇〇〇年を境に、長城地帯に農牧境界地帯が形成され、この境界をはさんで、北の遊牧文化と南の農耕文化が形成されていくことになる。同時に農牧境界地帯は、遊牧文化と農耕文化の接点として機能していく。

†原中国人の祖形

中国人はどこからきたのか。水上静夫は、現中国人の祖先は、すべてユーラシア西方からきた人々の子孫であるとする。彼らは狩猟と遊牧のため、中国の山西・河北・河南の地へと移住していったが、なかでも羊を追いかけてきた遊牧民が、北方・中央・南方の三つのコースから中国へ入り、彼らがそれぞれ殷族・周族・楚族になったという。

北方コースは、南ロシアからモンゴル高原を経由して、山西・河北に入った。このコースをたどった人々が周族となる。周族が南下して黄河を陝西に渡った沙苑《さえん》文化から出土する細石器は遊牧民特有のもので、南ロシアなどで発見される石器と共通する。

中央コースは、タリム盆地を経由して、甘粛・青海を通り、陝西から洛陽盆地に入った。このコースをたどった人々が殷族となる。甲骨文には狩りで羊を捕獲したという記録はなく、殷の羊はすべて家畜化された牧羊である。上帝と祖先神を祀る殷の儀式でも、羊が犠牲とされたことからも、殷族にとって羊が重要な飼育動物であったことがわかる。

南方コースは、アフガニスタンからインドへ入り、さらにビルマを経由して雲南・四川を通って中国に入る。このコースをたどった人々が楚族となる。楚族が羊の鳴き声を姓号としたことから、もともと牧羊民族であったことがわかる。

このように中国古代文化は、すべて羊を追って中国に入って土着化した遊牧民の子孫であったと水上は大胆な推論を展開する。しかしユーラシアからの移住民を殷族・周族・楚族に直接結びつけるのは無理がある。羊が中国の外からやってきたことは疑いないが、羊とともに人間集団も移住してきたかどうかは定かではない。むしろ最新のゲノム研究では、中国人の祖先の大部分は、前三〇〇〇年ごろ、黄河下流域にいたシノ・チベット語を話す古代北方中国人が、中原にむけて南と東に拡散していくことで形成されたことが明らかになっている。黄河上流域に羊が伝来し、それを土着の古代北方中国人が取り入れたと考えるのが自然であろう。また岡村秀典の研究によれば、殷で消費される動物は牛が過半を占め、羊は一割未満で、羊より牛が優位であったことが指摘されている。殷が羊を最重要視していたとは言えない。

†青銅器の伝播

西アジアでは、前六〇〇〇年以前から銅が使用されていたが、中国では、新石器時代の仰韶文化期（前四〇〇〇年）から青銅器の使用が認められる。なかでも黄河上流域の馬家窯《ばかよう》文化に属するものが多い。青銅器は西アジアが先行し、ついで中央アジアに波及し、東アジアでも西北地域が先に青銅器を受容していることからすると、青銅器の技術は西方から伝えられた可能性が高い。

新石器時代後期には、黄河中下流域にも青銅器が広がるが、つづく二里頭文化併行期（前二〇〇〇年）に入ると状況が一変する。黄河上流域・内蒙古南部・遼西のいわゆる「長城地帯」では、装身具を中心とした共通性のある青銅器が出現する。青銅短剣や装飾品を中心とした共通の文化圏が形成されつつあることを示す。

これに対して、黄河中流域の二里頭文化では、楽器・武器・礼器（祭祀用具）などが青銅器で作られるようになり、技術的に進化している。さらに墓の副葬品として入れた青銅器をみると、青銅器が社会階層を表わす標識としての役割、権力をあらわす威信財の役割を果たしたことがわかる。このように青銅器を中心とした祭祀儀礼と社会階層を備えた黄河中流域は、やがて夏・殷・周という初期王朝を生み出す。

2　王朝の誕生と夷狄

†城壁集落と首長

新石器時代の集落は、環濠集落と呼ばれているように、集落の回りに濠をめぐらせていたが、この濠は野生動物から集落を守る役目を果たした。前三〇〇〇年ごろから、寒冷乾燥化がすすみ、集落同士の争いが激化するなかで、土壁に囲まれた集落が出現する。これを城壁集落（囲壁集落）という。その規模は一辺一〇〇メートル前後から一辺四〇〇メートル程度（漢代の県城クラス）のものが多いが、なかには一辺一〇〇〇メートル（漢代の郡城クラス）をこえるものもある。

黄河中下流域の城壁集落は、大型の城壁集落を中心として、そのまわりに小型の城壁集落が取り囲み、さらに城壁をもたない集落が散在するといった階層化がみられる。このことは首長の住む大型集落を中心として、この地域が政治的なまとまりをもっていたことをうかがわせる。

一方、長江中流域では、社会の階層化と集落の階層化は必ずしも関係しないようである。長江中流域における城壁集落の大小は、城壁を構築する住民の人口規模に比例している。また長江中流域の城壁集落は、集落間の抗争というよりも、洪水から集落を守ることに主眼があったとされる。長江中流域の大型城壁集落の出現が、集落間の抗争が激化する以前にはじまっていることが、そのように考える根拠となっている。

†城壁集落から都市へ

黄河中流域の陶寺《とうじ》遺跡（山西省襄汾県《じょうふんけん》）は、城壁集落から都市への移行を考えるうえで重要な遺跡である。この遺跡は、前二六〇〇年〜前二〇〇〇年ごろ築かれたもので、東西一八〇〇メートル、南北一五〇〇メートルという巨大な規模をもち、城壁の内側は、宮殿区・貴族の居住区・一般民の居住区・手工業工房区・墓地に区分されていた。また天文観測を目的とした施設もみつかっている。

さらに興味深いのは、この遺跡から出土した土器に朱書きで文字らしいものが書かれていたことである。これは単なる記号ではなく、「文」「堯」と読めるとして、この遺跡を伝説上の五帝の堯《ぎょう》の都と考える研究者もいる。陶寺遺跡は、王権の誕生と都市の発生をうかがわせるものとして重要であるが、堯の都と考えてよいかどうかはわからない。

前二〇〇〇年ごろ、黄河中流域に築かれた二里頭遺跡では、宮殿区とそれを囲む城壁・祭祀施設・工房施設などが設けられている。一号宮殿は、回廊で囲まれた空間の北寄りに建物が一つ配置されており、建物の前には広場がある。広場は一〇〇〇人収容でき、王への謁見が行われたと考えられている。このような建物の構造は、その後の中華王朝の宮殿の祖型となった。二里頭遺跡の宮殿・青銅礼器・大型墓などは、王権の存在を示すものであり、二里頭遺跡は史書にいう「夏王朝」であるとされる。

前一六〇〇年ごろの二里岡文化期になると、偃師商城《えんししょうじょう》（東西一二四〇メートル、南北一七七〇メートル）と鄭州商城《ていしゅうしょうじょう》（東西一七〇〇メートル、南北一八七〇メートル）に代表される都市が出現する。偃師商城は、殷の湯《とう》が都とした「尸郷《しきょう》」（『漢書』地理志）に比定され、鄭州商城はおなじく湯が都をおいた「亳《はく》」（『史記』殷本紀）に比定されている。二里岡文化期には、山西省や湖北省などにも小型の都市が築かれるが、これらの都市からは在地系のものではない二里岡文化系の土器が出土する。これを浅原達郎は「二里岡インパクト」と命名したが、これらの地方都市は、殷人が移住して築いたもので、殷の支配の広がりをうかがわせる。

†殷墟

殷後期（前一三〇〇年〜前一〇五〇年ごろ）、第一八代の盤庚《ばんこう》は洹北商城《えんほくしょうじょう》に都をおき、第二一代の武丁《ぶてい》から第三〇代の帝辛《ていしん》（紂王《ちゅうおう》）までは、殷墟に都をおいた。殷墟とは、殷の遺跡という後世の呼び方で、戦国魏の年代記『竹書紀年』や司馬遷『史記』などにも登場するが、甲骨文では「大邑商《だいゆうしょう》」と書かれる。殷墟は、洹河《えんが》沿い約四キロ四方におよぶ都市遺跡で、洹河の南側に宮殿区や祭祀施設があり、それを取り囲むように南北一一〇〇メートル、東西六五〇メートルの濠が築かれている。洹河の北側には、王墓をはじめ中型・小型墓や祭祀坑が分布している。

王都全体を囲む城壁が発見されていないことから、殷墟は王都ではなく祭祀センターと考える研究者もいる。この殷墟から発見されたものの一つに甲骨文字がある。

甲骨文字

殷後期の甲骨文字は中国最古の文字資料である。甲骨文字とは、殷の王がみずからの行為や自然現象などについて、天上にいる神（上帝）の意志（吉凶）を、甲骨を炙《あぶ》ることで生じるヒビ割れの入り方で占い、占いの内容や結果をヒビ割れのそばに刻みつけたものである。卜骨はすでに前四〇〇〇年ごろから牧畜民の間で行われていたが、卜骨に文字を刻む行為は、殷後期の武丁期（前一二五〇年ごろ）になってはじめてあらわれる。中国では甲骨文字以前の文字はみつかっていない。新石器時代の土器には記号を刻んだものが見つかっているが、甲骨文字のように体系だったものではない。なぜ突如として甲骨文字が発生したのか謎である。

殷後期では、甲骨のほかに青銅器にも文字を鋳込んでいるが、そのほかの書写材料として竹簡・木簡・布などもあったと考えられている。竹簡・木簡を編んだ状態を表す「冊」をかたどった甲骨文字があること、甲骨には毛筆で下書きしたものが見つかっていることがその根拠となっている。かりに殷後期に甲骨のほかに竹簡・木簡も書写材料として使用されたとなると、文字による情報伝達・保存が行われていたことになる。甲骨に文字を刻んだことも、占いの内

殷墟出土の二輪スポーク戦車

稲畑耕一郎監修『図説中国文明史２　殷周　文明の原点』創元社、2007年、99頁

容を保存し、閲覧することを想定していると言われている。ただ占いをするだけなら、わざわざ記録する必要はない。文字を刻むということは記録として残した。つまり誰かが読むことを想定していたはずである。

†二輪スポーク戦車と馬

殷墟に都があった前一三世紀ころ、馬と二輪スポーク戦車が突如として出現する。殷はこの二つをどこから手に入れたのか。殷墟に都をうつしたころ、殷はオルドスに進出している。オルドスは農牧境界地帯であり、この地の牧畜民から入手した可能性が考えられる。馬と二輪スポーク戦車は、前二〇〇〇年以降、ユーラシア各地に急速に広まったが、七〇〇年かけて中国に伝わった。

殷墟では、これまでに一〇〇基近い車馬坑が発掘されている。車馬坑とは、二輪スポーク戦車とそれを牽引した二頭の馬を一緒に埋めた坑《あな》のことである。

ただ戦車とはいうものの、実戦での使用には問題があったようである。

甲骨文によると「甲午の日に王が水牛の狩りに行ったところ、小臣古の車馬が岩にあたって壊れ、王の車を御せる子央もまた墜ちた」とある。甲骨文における車の用例をみると、狩猟が六例、戦争は一例のみで、狩猟の際に使用されることが多く、戦争での使用は少なかったことがわかる。どうやら耐久性に問題があって戦争で使用するには不向きであったようだ。

甲骨文字の車

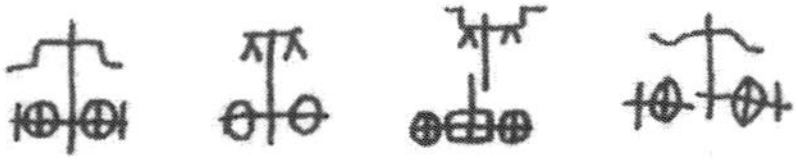

岡村秀典『東アジア古代の車社会』臨川書店、2021年、55頁

馬が中原に出現するのは、前二〇〇〇年後半のことだが、殷王墓の南には四〇基の馬の犠牲坑が見つかっており、そのうち三〇基から一一七体の馬が出土している。そのほとんどは七歳から一一歳の働き盛りのオス馬で、二輪スポーク戦車を牽引した現役の馬が犠牲とされたと考えられている。殷墟全体では五〇〇体以上の馬が犠牲にされたと推定されており、大量の馬を安定的に供給する体制が確立していた。また殷後期三〇〇年間に、三〇万から四〇万頭の牛が消費されたと試算されており、馬と牛を飼育する国営牧場が置かれていたと思われる。

†天体観測と暦

新石器時代後期の陶寺遺跡に天体観測を行った施設があったように、中国では月と太陽の動きをもとに時間の流れを把握していた。殷では、月の公転をもとに一か月、地球の公転をもとに一年とする太陰太陽暦が用いられていた。太陰太陽暦は、月の公転を基準(一年約三五四日)としているため、太陽の公転(一年約三六五日)とのズレが生じる。そのため数年に一回閏月を設ける必要があるが、殷では一二月のつぎに一三月をおいていた。

また殷では日付を表すために、十干(甲乙丙丁戊己庚辛壬癸)と十二支を組み合わせる六十干支が用いられた。そのうち十干は殷の人々の太陽観と関係していると言われている。太陽は一〇個あって、毎日ひとつずつ交替で空にあがり、一〇日すると一巡する。これを一旬とした。殷の王族は、自らを一〇個の太陽の子孫であるとすることで、権威の拠り所とした。

一方、十二支は古代オリエントの黄道十二宮が伝えられたものとされる(郭沫若「釈支干」)。殷後期に文字が使用され、数字の表記や時間の観念などが急激に発達した。殷代に正確な暦がつくられたのは、農作業の効率化と王の権威を標示する役割があったからだと落合淳思はいう。なお殷代の十二支は動物にあてられてはいなかった。十二支に一二種の動物を当てるのは、漢代以降で、後漢の王充《おうじゅう》『論衡《ろんこう》』に書かれている。

†方国

甲骨文には、殷王朝の支配に従わない集団として、鬼方《きほう》とか人方《じんほう》など「○方」と呼ばれる集団が登場する。研究者はそれを方国《ほうこく》と称する。鬼方は、西周青銅器にも討伐対象として登場する。西周青銅器には、ほかにも玁狁《けんいん》が登場する。玁狁は文献史料である『詩経』にも周王朝の王都をおびやかす存在として記載されている。鬼方や玁狁は、黄河上流域に住んでいた牧畜民とされるが、かれらは文字を持たず、そのため文字を持つ殷や周から厄介者として記録された。黄河上流域に住んでいた鬼方や玁狁はどのような生活をしていたのか。

渭水《いすい》上流域の甘粛省にある寺窪《じわ》文化の墓地は、前一二世紀中ごろから前一一世紀中ごろにかけてのもので、一〇〇基ほど見つかっている。ちょうど殷から周への王朝交替期にあたる。墓から出土した陶器の一・三パーセントに周文化の影響が認められる。この墓地で生贄として埋葬された動物は、草食性の牛・羊・馬が八割以上を占めることから、牧畜生活を送っていたことがわかる。また車馬坑が二つあり、二頭立て車馬を一台ずつ埋めている。西周期の標準的なサイズの戦車と思われる。また七〇号墓には三五歳から四〇歳の女性が埋葬されていたが、棺内には実戦用の青銅製の武器が入れられていた。この女性は戦士だったのか気になるところである。寺窪文化の人々は、周文化の影響も受けつつ牧畜と農耕の生活を送っていた。また馬を飼育していたが、騎乗用ではなく、車馬用であった。

黄河上流域の辛店《しんてん》文化では、牛・羊・豚・犬を飼育していたことが出土した動物骨の分析からわかっている。やはり前二千年紀を境に草食動物の割合が高まり、新たに馬が登場する。また青海高原の卡約《そうやく》文化では、男性の墓には馬が、女性の墓には牛が副葬されていた。さらに青海省のナムホン・タリハリハ遺跡からは羊囲い（羊圏）が見つかっている。囲いの広さは七・三メートル×六・六メートルの扇形で、羊の糞のほかに牛・馬・ラクダの糞が混じっていた。

黄土高原で生活していたこれら牧畜民は、文献史料では鬼方や玁狁と表記される集団であろうと推定されている。鬼方や玁狁は騎馬遊牧民とこれまで考えられてきたが、考古資料からすれば鬼方や玁狁は牧畜農耕民であったことになる。かれらは馬を飼育していたが、それは騎乗用ではなく戦車を牽引するためのものであった。

ついで文献史料から、殷の時期の夷狄についてみてみる。甲骨文では、殷の討伐対象として「〇方」が出てくる。例えば、「王、人方を征するより来る」とか「倉侯虎《そうこうこ》を従え蒙方《もうほう》を伐《う》つ」といった内容である。後者の例では、殷王朝に服属する倉侯の虎（人名）とともに蒙方を討伐しているが、殷の支配体制は、殷の首都を中心に、首都の周辺に王が直接支配する数十の邑（都市）があり、その外側に殷に従属する侯の邑と侯の支配地があり、さらにその外側に殷に敵対する方国が存在した。甲骨文には方国は名前しか出てこないので実態は不明だが、方国も多くの邑を従えていたと考えられている。

また甲骨文には「獲羌《かくきょう》」といって、戦争での羌人の捕獲が頻繁に行われている。さらに服属する侯国から羌人が貢納されることもあった。羌の字は羊頭の人を象《かたど》ったもので、羌人は河南省西部の丘陵地帯で牧羊を営んでいた牧畜民とされ、祭祀の犠牲とするために捕獲された。殷の王墓に残る数千におよぶ首のない遺体は、犠牲となった羌人だと白川静はいう。羌はやがて強力な集団として殷に反抗するようになり、羌方と呼ばれるようになる。

殷の人たちは、敵対する集団を○方と呼ぶ一方で、自分たちの国名を持っていなかった。一般的に殷王朝とか商王朝と呼ばれているが、甲骨文字には殷は出てこない。商は王都の名称として「大邑商」と出てくるが、殷全体を指すものではない。殷人は支配のおよぶ範囲を示す用語を持っていなかったのだが、それは国名を必要としなかったからである。なぜなら、それを用いる相手が存在しなかったからだ。殷という国名がはじめて登場するのは、西周のときで、周人が偉大な国、盛んな国という美称・尊称として使用したのが「殷」である。殷人は自分たちに従わない集団をよぶときには「方」をつけて、人方・蒙方・鬼方と呼んで区別したが、そこには中華と夷狄をわけるような強烈な差別意識はみられない。

3　周と夷狄

『詩経』緜に「緜々《めんめん》とつながり絶《た》えぬ瓜瓞《かてつ》、わが周人の生れでたのは、沮漆《しょしつ》の川辺。古公亶父《ここうたんぼ》はあな暮らし、まだその家もなし。古公亶父はある朝、馬を走らせ、西の流れの岸に沿い、岐《き》山《ざん》の下にやってきて、姜女とともに暮らした」という周の開国伝説が歌われている。

また『史記』周本紀には、「周の開祖である弃《き》は、農業につとめて人々を救ったことから、舜《しゅん》から后稷《こうしょく》（農業の官）に任命された。しかし子の不窋《ふちゅう》のとき、夏王朝の政治が衰えて農業官を廃止したために失職し、戎狄《じゅうてき》の間に入った」とあるように、周は農業と牧畜の生活をしており、さらにその周辺には、戎狄・薫育《くんいく》などの牧畜民がいた。

周は陝西省西部の渭水上流域で、移動を繰り返しながら農牧生活をおくっていたが、やがて岐山のふもとの周原《しゅうげん》にうつり、この地を拠点に姜姓の戎狄と同盟を結んで勢力を拡大し、前一一世紀後半、殷をたおした。周は農牧境界地帯からおこったのである。

†殷周革命

もともと周は殷の方国のひとつ「周方」として、殷の支配の外にあって、ときに殷の征伐の対象ともなっていた。殷の勢力が拡大してくると、周は殷に服属して侯国のひとつ「周侯」となり、さらに殷と婚姻関係を結び、殷文化を受容していった。周原遺跡で発見された甲骨文には、周王が殷初代の湯《とう》を祀ったことが記されており、周は殷王朝の一員としてのアイデンティティを持っていた。

殷王朝の最後の王である帝辛《ていしん》（紂王《ちゅうおう》）は、酒池肉林や炮烙《ほうらく》の刑《けい》を行った暴君として『史記』に描かれるが、そうした紂王の傍若無人な態度が問題だったというよりは、殷による方国への圧迫が原因で、殷からの離反がすすみ、新たな盟主として周侯が迎えられたというのが真相のようである。前漢の司馬遷《しばせん》が『史記』殷本紀で紂王の話とした酒池肉林については、おなじ前漢の韓嬰《かんえい》『韓詩外伝《かんしがいでん》』や劉向《りゅうきょう》『新序《しんじょ》』には、夏の桀《けつ》の話として登場する。暴君エピソードは共有されるのである。つまり誰のものでもない空想の物語ともいえる。

†牧野の戦い

『史記』周本紀によれば、「武王は即位一一年一二月、文王の位牌を奉じて、戎車《じゅうしゃ》三〇〇乗、虎賁《こほん》三〇〇〇人、甲士《こうし》四万五〇〇〇人を率いて盟津《めいしん》を渡り、諸侯と合流した。二月甲子《こうし》の早朝、商郊《しょうこう》の牧野《ぼくや》に至った。紂王の軍勢は多かったが、みな戦意なく、心中では武王が都に入るのを望んでいたので、みな武器をさかさまにして戦い、武王のために道をひらいた。武王がそのあいだを駆けると、紂王の兵は総崩れとなり、紂王にそむいた。紂王は逃げ帰って鹿台《ろくだい》に登り、珠玉をまとい、自分に火をつけて死んだ」と書かれている。

殷から周への王朝交替をつげる牧野の戦いは、一日で決着がついた。周の勝利のうらには、二輪スポーク戦車の改良があったと言われている。周の二輪スポーク戦車は、以下の点で改良が施されていたという。①四頭立ての出現、②車軸・車輪の小型化、③輻（スポーク）の本数の増加、④轂《こしき》（車輪の中心部）・車軸の固定。これらの改良の結果、二輪スポーク戦車の小型軽量化と耐久性が向上した。なお二頭立てから四頭立てへの改良は、スピードアップのためではなく、走行距離を延ばすためのもので、基本的に戦車をひくのは二頭で、残りの二頭はその替え馬である。

また『周礼』夏官牧師には、馬の飼育場である牧の管理者として、牧師がおかれ、家畜の交配などの管理をしたことが記されている。また同書・夏官校人には、王の馬を飼育する校人をトップとした組織があり、その組織には巫馬《ふば》（馬の獣医）・馬質《ばしつ》（馬質・価格の管理）・廋人《そうじん》（馬の調教）などの専門職がおかれていたとあり、周では馬の生産・飼育体制が整備されていたと記録にはある。

西周期の馬飼育がわかる遺跡として、陝西省西安市の少陵原《しょうりょうげん》遺跡がある。この遺跡には西周前期から後期にかけての三基の馬坑があり、そこから一〇体の馬が出土している。内訳は幼馬が七体、壮齢馬が一体、老齢馬が二体。馬の体高は一三二センチ〜一四二センチ。炭素同位体比の分析から、二歳以下の幼馬は、野草を食むような牧で飼育されていたが、三歳以上になると厩舎において人為的な飼料を与えられるようになったことがわかった。さらにオスの壮齢馬とメスの老齢馬は、出生後から人為的に雑穀類の飼料が与えられていたことも判明している。

このように周では、厳密な管理体制のもと馬の飼育が行われていた。

†天命思想

周の第三代康王の時代につくられた青銅器「大盂鼎《だいうてい》」に、「私が聞いたところによると、殷が天命を失ったのは、殷の諸侯と官僚がみな酒におぼれたことにより、軍隊を失ったからである」と書いてある。殷は酒におぼれたことで軍隊を失い、天命を失い滅亡したというのである。『史記』にあるように、酒池肉林の宴会を毎晩していたら、国を亡ぼすことになりかねないが、甲骨文の分析によれば、帝辛（紂王）は、熱心に祭祀を行っており、祭祀は宴会をともなうため飲酒の機会も増える。酒が直接の原因ではないにせよ、帝辛が祭祀を頻繁に行っていたことは、祭祀用の犠牲動物の捕獲を目的とする狩猟や貢納の増加をまねき、そのことが結果的に方国の離反につながった可能性が考えられる。

また「大盂鼎」には、「大《おお》いにして顕《あき》らかなる文王は、天のもつ大命を受けた。武王にあっては、文王をついで国をつくり、未開の地を開き、遍《あまね》く四方を領有し、長く民を治めた」と書かれている。周は文王を「天命の膺受者《ようじゅしゃ》」である天子、武王を「四方の匍有者《ほゆうしゃ》」である王とし、その子孫は天子と王の二つを受け継ぐ者とされた。

天子は神々の祭祀者であり、また周の支配領域の「万邦」を天から受けた者。王は周の支配領域である「四方」における紛争の解決・調停者としての性格をもつとされる。さらに周の支配領域である「万邦」や「四方」には、周とは習俗文化を異にする夷狄も含まれていた。

文王は天命を受けた天子、武王は四方を領有した王とされ、のちの周王はこの二つの性格を継承していく。天命を受けたものが地上の支配者となるという思想を天命思想というが、周にはじまる天命思想は、王朝交替で重要な意味を持ち続ける。すなわち上帝から選ばれた者が天命を受け、天子として地上を支配する。と同時に、「万邦」「四方」とされる地上世界における問題の解決者として王・皇帝がいる。西周建国期につくられた天子と王の役割分担は、その後、始皇帝によって王が皇帝に変更されたあとも残る。

†封建

『史記』周本紀では、殷を倒した武王のときに諸侯の封建が行われたことが書かれている。それによると、武王は聖王の事跡を追慕し、神農の子孫を焦《しょう》（河南省陝県）に、黄帝の子孫を祝《しゅく》（山東省臨沂）に、堯の子孫を薊《けい》（北京）に、舜の子孫を陳《ちん》（河南省淮陽）に、禹の子孫を杞《き》（河南省開封）に封《ほう》じた。また功臣謀士を封じ、尚父《しょうほ》（太公望）を営丘《えいきゅう》（山東省臨淄）に封じて斉《せい》とし、弟の周公旦《しゅうこうたん》を曲阜《きょくふ》（山東省曲阜）に封じて魯《ろ》とし、召公奭《しょうこうせき》を燕《えん》（北京）に封じ、弟の叔鮮《しゅくせん》を管《かん》（河南省鄭州）に封じ、弟の叔度《しゅくど》を蔡《さい》（河南省上蔡）に封じた。

周の武王は、神農・黄帝・堯・舜・禹の伝説上の聖君の子孫を各地に封建した。かれらが三皇五帝の子孫かどうかあやしいが、武王が三皇五帝の子孫を封建したことは、武王が三皇五帝をつぐ存在であることを示す点で重要だった。また王室・重臣の子弟が各地に封建されて諸侯となったが、諸侯封建は、周王朝の勢力拡大にともなう各地の交通上・軍事上の要衝をおさえる目的があった。

†殷を継承

周王主催の祭祀儀礼に諸侯が参加し、周王から宝貝などの賜与品をもらうことで、両者のつながりが保たれる。このような祭祀儀礼の機能は、殷の祭祀儀礼を継承したものである。祭祀儀礼と王からの賜与を青銅器に銘文として鋳込むことも、殷から継承した。周は殷の青銅工人や生産体制を引き継いで青銅器を生産し、銘文を鋳込む文字として、甲骨文字をもとに金文がうまれた。

もうひとつ殷の十干諡号《しごう》（甲乙丙丁の十干をつかって祖先を表す）が周でも使われた可能性が

指摘されている。殷代に広く行われていた十干諡号が、殷と関係を深めた周でも当初は使用されていたが、次第に廃れて文王や武王といった諡号（おくりな）にかわっていった。

周と夷狄

「大盂鼎《だいうてい》」と同出と伝えられる「小盂鼎《しょううてい》」によると、盂が諸侯を率いて鬼方を討伐したことが記されている。数回におよぶ鬼方との戦いによって、首級五〇〇〇人、捕虜一万三〇〇〇人、馬、車三〇両、牛三五五頭、羊三八頭を獲得した。また別の戦いでも馬一〇四匹、車一〇八両を獲得した。盂が鬼方との戦いの戦利品として、馬・牛・羊を得ていることから、鬼方は黄土高原にいた牧畜民であるとされる。ただし鬼方は車を使用していることから、騎馬遊牧民ではない。

また西周後期の青銅器「師同鼎《しどうてい》」には、師同が戎を攻撃して車馬五乗、大車二〇両、羊一〇〇頭を獲得したことが記されている。銘文では、車馬と大車は別の文字が使われており、数詞も車馬は「乗」、大車は「両」と書き分けている。車馬は馬のひく二輪戦車、大車は牛のひく荷車を表したという。こうした青銅器の銘文から周が改良した二輪スポーク戦車で周辺の牧畜民と争い、領域を広げていったことがわかる。

一方、西周後期には、西北の牧畜民の活動が活発化し、しばしば周に侵入してくるようになる。厲王期《れいおう》の青銅器「多友鼎《たゆうてい》」に、玁狁《けんいん》との戦いの様子が記されている。それによると、京師に侵入した玁狁を追撃するために多友が派遣され、武公の戦車を率いた多友は、敵首二〇〇人以上、捕虜二三人を捕獲し、戎の戦車一一七乗を獲得した。このとき玁狁も戦車を使用しており、騎兵はいなかったようである。その一方で、玁狁との戦闘では邑を攻撃・包囲するといった記述は見られないことから、玁狁は邑のような城壁都市を持たない牧畜民であったと考えられる。西周後半になると玁狁は周原への侵入を繰り返し、やがて幽王のとき西周の首都をおとす。

†中華思想の起源

現在確認できる「中国」という語句の最古の事例は、西周の第二代成王の時代に製作された青銅器「何尊《かそん》」の銘文である。そこには、「余《よ》はそれ、ここ中或《ちゆうごく》に宅《お》りて、ここより民をおさめん」と書かれている。成王は、父の武王の言葉を引用し、新都成周（洛邑）の建設が武王の遺志であったことを、周の王族の子弟たちに示した。ここに出てくる「中或」は「中國」の古い表記である。

この「中国」は、周の支配領域「四方」に対する中央・中心という意味で、周の統治者が想定する世界の中心として「中国」と表現されている。ここに世界の中心を表わす「中国」という言葉が誕生した。ただし、この「中国」は、周王朝全体を指す言葉ではなく、あくまで成周の地を指すに過ぎない。またこの「中国」には文明の中心というような意味はまだ見られない。周は、自分たちと文化習俗の異なる人々がいることは認識していた。山東・淮河・長江流域の人々を「尸《し》（夷）」、黄河上流域の人々を「獯狁」と呼んで区別している。これは殷が服属しない集団を「〇方」と呼んでいたのと同じ感覚であるが、そこには文化・文明の上下意識は感じられない。西周初期に「中国」という言葉が登場するが、それは中心地域というくらいの意味でしかない。

周王朝の支配者は、支配領域を「四方」とか「四国」とよび、その支配領域の中心を「中国」とよんだ。「中国」の原義は、多くの国（諸侯）、多くの民（周人と夷・獯狁）からなる「四方」の中心地であり、特定の国家や領域を指すものではなかった。また俗説として言われる都市（国）の内部（中）という意味でもない。

前二〇〇〇年以降の寒冷乾燥化の影響をうけ、黄河中流域では、都市が統合されて初期国家が誕生した。その一方で、農牧境界地帯では、農耕から牧畜への依存度が高まり、農耕文化とは異なる牧畜文化が徐々に形成されていった。これら牧畜民は、殷王朝からは鬼方とか人方と呼ばれ、殷の支配に服さない方国とされた。殷はこれら牧畜民を経由して青銅器・馬・車を受容した。

黄河上流域の農牧境界地帯において、牧畜生活をおくっていた周は、もとは方国であったが、やがて殷との関係を深め、侯国として殷の支配下に属した。殷文化の影響をうけつつ、二輪スポーク戦車の改良を達成した周は、殷を倒すことに成功し、黄河流域を支配し、支配領域の中心地の洛陽に成周を建設した。周は天命をうけて殷を倒したこと、天下を領有したことを宣言した。これにより、周の支配領域が「四方」、その中心地が「中国」と認識されるようになった。この「四方」には、周人のほかに夷・玁狁などの異文化集団も含まれていた。

殷周は自分たちとは異質の文化集団の存在を認識しつつも、彼らを文化的に劣る人々とは見ていなかった。また周の初期に登場する「中国」という言葉は、支配領域の中心地という意味でしかなく、文化の中心といった意味もまだ見られない。

第三章

中華古典世界と夷狄

周の天子の権威が衰え、諸侯が争いを繰り返した春秋時代。諸侯のそばにはつねに夷狄がいた。諸侯の代表である覇者は、「尊王攘夷」をスローガンに掲げ、中華と夷狄を対置し、差別する思想がこのころ出現した。しかし中華と夷狄の境界はあいまいだった。

戦国時代になると、長城地帯に騎馬遊牧民が登場する。戦国七雄がおさめる範囲はおなじ文明圏の「天下」すなわち「中華」として認識された。一方で、「天下」の外に住むものが「夷狄」とされ、このころ登場した騎馬遊牧民が「夷狄」とされた。

本章では、春秋・戦国時代における夷狄との関係についてみていく。

1 春秋諸侯と夷狄

†歴史書の誕生

前七七〇年、周の幽王が殺されて平王が即位し、根拠地を東方の洛邑に移す。これ以降、周が秦に滅ぼされる前二五六年までを東周という。ただ一般的には、前五世紀前半を境に、前半を春秋時代、後半を戦国時代とよぶ。春秋・戦国時代とあわせて呼ぶこともあるが、春秋と戦国では時代の様相は大きくことなる。

春秋時代の特徴は、周の天子の権威がおとろえ、かわって斉の桓公、晋の文公といったいわゆる「春秋の五覇」と称される有力諸侯が覇者として台頭し、他の諸侯をまとめる役割を果たしたことにある。『史記』の「十二諸侯年表」には、この時期のおもな諸侯として、魯・斉・晋・秦・楚・宋・衛・陳・蔡・曹・鄭・燕と、のちに呉をくわえた一三か国があげられている。これらの諸侯は、さかんに同盟を結んで紛争の調停や課題解決にむけた合意をとりつけ、その合意の遵守を神に誓い、その内容を文字にして残した。これを盟書《めいしょ》という。諸侯が同盟を結ぶために会することを「会盟」といい、同盟の盟主を「覇者」とよぶ。一九六五年、山西省侯馬《こうば》市《し》で、春秋後期の晋の趙氏の内紛に関する盟書が出土した（侯馬盟書）。この発見により、諸侯だけでなく、諸侯に属した卿《けい》や大夫《たいふ》までもが会盟を結んで、盟書を記すようになったことがわかった。

文字（漢字）の使用範囲が拡大したということは、周の社会秩序である王―諸侯―卿―大夫―士が崩壊しはじめていることをうかがわせる。文字の使用は支配者の特権であったが、それが下の階層まで広がっているのである。春秋時代という時代呼称のもととなった『春秋』は、魯の歴史書であるが、諸侯が歴史書を編纂する時代が到来した。周の天子はもちろん歴史書を編纂していたが、諸侯である晋では『乗《じょう》』、楚では『檮杌《とうごつ》』という歴史書があったことが『孟子』に書かれている。ただ残念なことに、春秋時代の歴史書として現存するのは魯の『春秋』

だけ。魯の『春秋』は、孔子が書いたとされたため、歴史書の形をかりた儒教の経典として後世に継承されていった。

†春秋時代の夷狄

春秋時代のことを書いた史料である『春秋左氏伝』には、夷・蛮・戎・狄と表記される集団が多く登場する。これらの集団は、おおむね居住する地域ごとに呼び分けられている。夷は山東半島から淮河流域、蛮は長江流域、狄は山西・陝西・河北の山林地帯、戎は陝西・山西・河北・山東の黄河流域全体に住んでいた。彼らは都市に住まず、都市周辺の山林藪沢の地で暮らし、その生業は狩猟や牧畜など地域に応じたもので、必ずしも遊牧民と限定することはできない。

またこれら夷狄は「被髪左衽《ひはつさじん》」(『論語』憲問)、「飲食・衣服は華と同じからず」(『左伝』襄公一四)と記されるように、文化習俗が異なる集団と見られていた。さらに「戎狄は豺狼《さいろう》」(『左伝』閔公元)、「狄は禽獣《きんじゅう》」(『左伝』襄公四)といった蔑視する表現も出てくる。

この時期の史料では、諸侯である楚・呉・越・秦・晋・衛についても夷狄であるとみなす。この認識の根底には、これらの諸侯が、夷狄に出自を持つことに対する差別意識と周の天子を支える諸侯同盟から外れた諸侯であるとする排斥意識がある。

対して中華は、複数の諸侯を包摂する概念へと拡大し、夷狄との対立や区別が鮮明化してくる。この中華の拡大は、周の支配が拡大したことによるのではなく、むしろ周の権威が衰えたことで、諸侯の同盟体制が構築され、同盟の参加者が中華であるという認識を持つようになったことによる。ただし、中華と夷狄の区分は複雑で、諸侯と夷狄をわける見方のほかに、諸侯内にも、周王室に出自をもつ諸侯を中華とし、それ以外の出自をもつ諸侯は夷狄とする見方もあった。さらに覇者同盟に参加した諸侯が中華、不参加の諸侯が夷狄という区分も存在し、同盟から離脱したり、同盟の秩序や規範から逸脱した諸侯も夷狄とされた。つまり中華であったものが夷狄となったり、夷狄だったものが中華になったり、両者の往来が可能で、出自や習俗によって固定されたものではなかった。

春秋時代の諸侯は、異文化集団を戎や狄と蔑視する一方で、彼らと会盟や婚姻を結んでいた。しかしそれは諸侯と夷狄が対等であることを意味するものではない。諸侯側の認識では、諸侯間の関係と、諸侯と夷狄の関係には差があり、諸侯間の関係は対等、諸侯と夷狄の関係は上下関係にあった。この発想はのちに中華王朝が周辺民族と婚姻関係を結ぶとき、「公主降嫁」と表現し、嫁いだ公主を「和蕃公主（野蛮人を和《なご》ます公主）」と称することにつながっていく。

†晋の文公

『史記』晋世家には、重耳《ちょうじ》が覇者文公となるまでの諸国遍歴が書かれているが、そこを読むと、晋と夷狄との深い関係がみえてくる。ことの発端は、晋の献公が驪戎《れいじゅう》討伐でえた驪姫《れいき》を寵愛し、驪姫の生んだ奚生《けいせい》を跡継ぎにするため、太子申生《しんせい》を殺したことにはじまる。このとき重耳は、母の生まれた国である狄《てき》（翟《てき》）に逃れ、そこで一二年間過ごした。この間、重耳は赤狄の別種とされる咎如《きょうじょ》の女性を妻とした。献公のあとをついだ恵公が重耳を恐れて刺客を放つと、重耳は狄を離れて斉へむかった。斉の覇者桓公を頼ろうとしたのである。このとき重耳は妻に「わしを二五年待ってくれ。それでも迎えにこなかったら、他へ嫁いでくれ」といい、妻は「二五年たったころには、わたしの墓の柏も大きくなっているでしょう。でも、わたしはあなたを待っています」と笑って答えた。二五年後に迎えに来ると言われ、笑って送り出す妻はなかなかいないだろう。

その後、重耳は衛・斉・曹・宋・鄭・楚・秦と諸国を遍歴したのち、晋に迎えられた。さすらうこと一九年、六二歳であった。咎如の妻を迎えにいったかは定かではない。

重耳は即位すると周の天子を助けて践土《せんど》に王宮を築き、天子から侯伯（諸侯の筆頭）に任命され、覇を唱えた。覇者文公の誕生である。春秋時代の晋は、農牧境界地帯に相当する山西省にあり、戎や狄と称される集団と隣り合っていた。晋は狄と婚姻関係を結ぶ一方で、赤狄を滅ぼすなど、自国の勢力拡大につとめた。

覇者文公（重耳）は、母親が狄の出身で、妻も咎如（赤狄の別種）から迎えているが、殷の始祖である契《せつ》も母親は簡狄《かんてき》といい、有娀氏《ゆうじゅうし》の娘で五帝の帝嚳《ていこく》の次妃（妾）であった（『史記』殷本紀）。また周の始祖である后稷《こうしょく》（弃《き》）の母は有邰氏《ゆうたいし》の娘で姜原《きょうげん》といい、彼女は帝嚳の元妃（正妻）であった（『史記』周本紀）。名前に狄や姜（羌）を含んでいることからすると、彼女たちは夷狄の出身で、五帝の妻妾となったのち、天神に感応して殷と周の始祖を生んだという構図が共通している。ここには殷や周の開祖は天の神である上帝と夷狄の両方の血を引いていることが暗示されている。

岡田英弘は、夏は東夷、殷は北狄、周は西戎の王朝とする。これら王朝の開祖伝説がどこまで史実によるものかを明らかにするのは難しい。しかし少なくとも、中国最初の夏・殷・周が夷狄によってつくられたという認識が、『史記』の書かれた前漢にはあった。そしてこの認識こそ、五胡十六国時代に、夷狄が国家を建設する際の拠り所の一つとなるのである。

†謎の国　中山

春秋後期に登場する鮮虞中山《せんぐちゅうざん》は、西周のはじめ殷の紂王の一族の箕子《きし》が封建された（『後漢書』注の『風俗通』）という伝承、また「姫姓《きせい》にして白狄」（『世本』）つまり周王室の出身で白狄だったとする伝承がある。その鮮虞中山が、戦国時代には中山国を称した。戦国中山国の王墓からは、中華文明を象徴する青銅礼器が出土する一方で、遊牧文化を象徴する青銅製の銅鍑《どうふく》や装飾品が出土した。このことから、従来の研究では、鮮虞中山とその後裔である戦国中山国は、白狄という北方遊牧民によって建国され、戦国時代には中華文明に融合していったと考えられてきた。

しかし、先秦文献を綿密に調査した渡邉英幸によれば、先秦文献には、鮮虞中山や戦国中山を遊牧民とする記載は見られないという。よって鮮虞中山を建てた白狄は、遊牧民ではなく、河北の山岳・森林地帯で活動していた非定住民で、晋に対抗するために都市を建設し、春秋・戦国時代には、諸侯間の国際関係に参入してその地位を上昇させ、夷狄から中華へとステップアップしていった。

戦国の中山王墓に、中華と夷狄の両方の要素が見られるのは、もともと遊牧民だった鮮虞中山が、遊牧文化（夷狄）を残しつつ中原文化（中華）を吸収していった、或いは中華に次第に染まっていったと考えるのではなく、農牧境界地帯にいたことで、遊牧文化と中原文化の両方を取り込んでいったと考えるのが妥当であろう。

2 戦国七雄と夷狄

†文明世界とそれ以外

春秋時代、都市を「邦」といい、「邦」を囲む一定の領域を「域(或)」といったが、戦国時代になって一定の領域「域(或)」を囲む境界＝国境が強く意識されるようになって「國」という字がつくられた。一定の領域を囲う国を領域国家というが、戦国時代はまさに領域国家を形成した七雄(秦・楚・燕・斉・韓・魏・趙)が勢力争いを繰り広げる時代である。

戦国諸国が支配する領域全体を指して「天下」とする認識が、戦国中期に登場する。と同時に、これまで「天下」の内側にいた夷狄は姿を消し、かわって長城地帯に義渠《ぎきょ》・林胡《りんこ》・楼煩《ろうはん》・匈奴《きょうど》・東胡《とうこ》などのあらたな夷狄が出現する。

戦国時代の史料に登場する夷狄は、「城郭宮室・宗廟祭祀の礼なし」(『孟子』告子下)や「牛馬なかば死す」(『韓非子』十過)と書かれるように、都市に住まず、牛・馬を飼う生活をしていると認識されているが、長城地帯に出現した夷狄のうち義渠を除いて、オルドスの林胡・楼煩、陰山《いんざん》方面の匈奴、遼東方面の東胡が騎馬遊牧民として史料に登場する。

またこの時期、戦国七雄の支配する「天下」と「天下」の外の夷狄という地理的区分も形成

戦国諸国

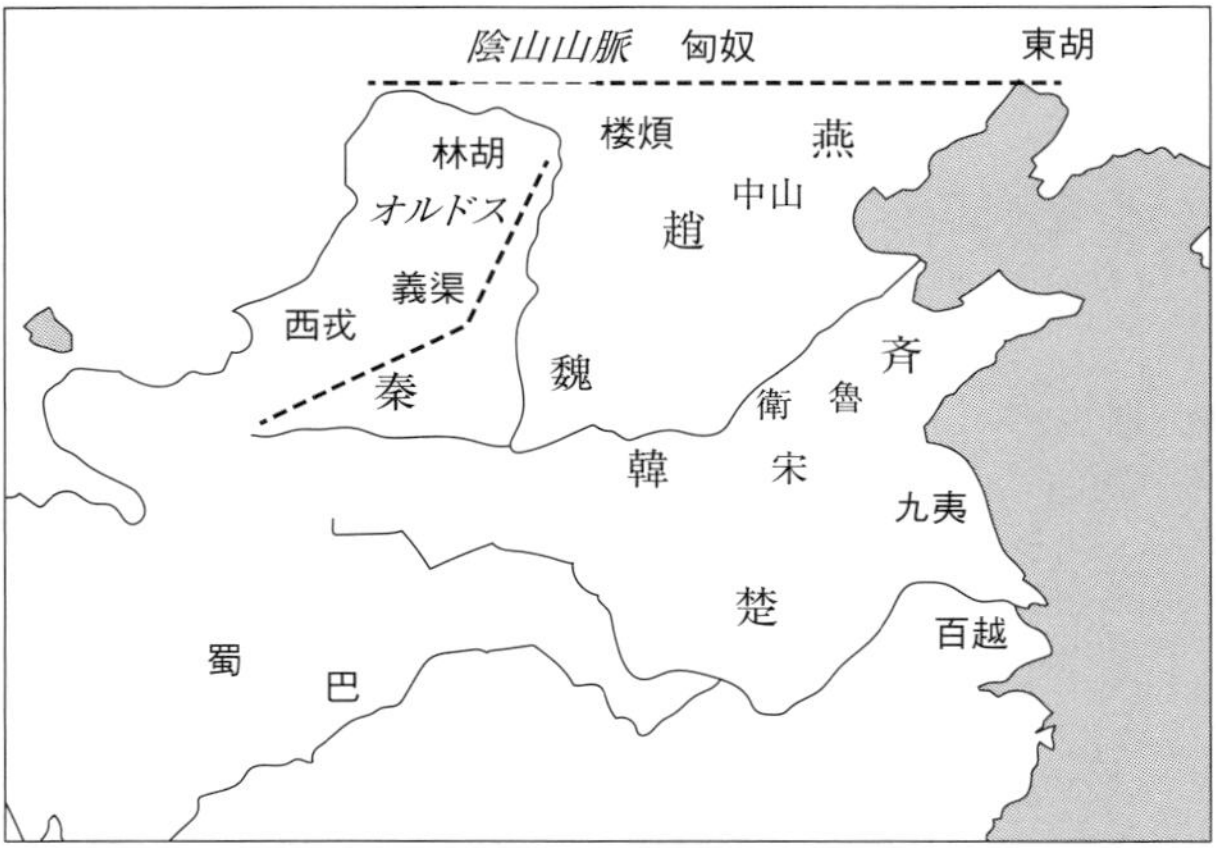

されつつあり、「天下」＝「中国」が「冠帯の国」（『呂氏春秋』慎勢篇）、つまり「礼」を有する文明世界であるとする認識も明確化してくる。ただその一方で、戦国時代の中原諸国は、秦や楚を夷狄視して、中原諸国こそが「中国」であるという認識も存在した。

長城地帯に新たに出現した騎馬遊牧民と戦国の七雄はどのような関係をもったのか、燕・趙・秦の三国と夷狄の関係を具体的にみてみよう。

†燕と東胡

戦国七雄のひとつで、現在の北京一帯をおさめていた燕の北側に出現した夷狄が東胡である。燕は東胡と同盟をむすび、賢将の秦開《しんかい》を人質として東胡に出した。秦開は東胡からあつく信用されていたようである。このころ燕では、斉との争いに敗れて衰えた国力を回復しようと、昭王が賢者を招こうとしていた。「隗《かい》よりはじめよ」の故事成語の由来となった郭隗《かくかい》が登用されたことを手始めに、魏から楽毅《がくき》・斉から鄒衍《すうえん》、趙から劇辛《げきしん》が燕にやってきた。

そのおり秦開も東胡から燕に戻ったが、戻るとすぐに東胡を攻撃した。不意を突かれた東胡は千余里後方へ退いた。東胡の後退をうけて、秦開は遼河を渡って箕子朝鮮《きしちょうせん》に攻め入り、満潘汗《まんぱんかん》（北朝鮮博川郡）を国境とした。

そこで燕は、造陽《ぞうよう》（張家口市）から襄平《じょうへい》（遼陽市）に至る長城を築き、上谷《じょうこく》・漁陽《りょうよう》・右北平《ゆうほくへい》・遼東《りょうとう》・遼西《りょうせい》の五郡を設置した。一方、敗れた東胡はその後も勢力を維持し、匈奴の冒頓単于《ぼくとつぜんう》に敗れるまで、遼東の北側シラムレン河流域を支配した。

†趙の武霊王

趙では、武霊王《ぶれいおう》の即位一九年（前三〇七）に「胡服騎射《こふくきしゃ》」を採用した。武霊王のころ趙は、東に中山・斉、北に燕・東胡、西に林胡・楼煩、西南に秦・魏・韓があって、周囲を強国に囲まれて孤立無援の状態だった。そこで武霊王は「胡服騎射」を採用することを決意した。「胡服騎射」とは、騎馬弓射のことで、騎馬遊牧民の軍事スタイルを取り入れることを指す。

この改革について、身内から反対の声があがる。武霊王の叔父の公子成《こうしせい》は「臣の聞くところ

胡服騎射（甘粛嘉峪関４号西晋墓）

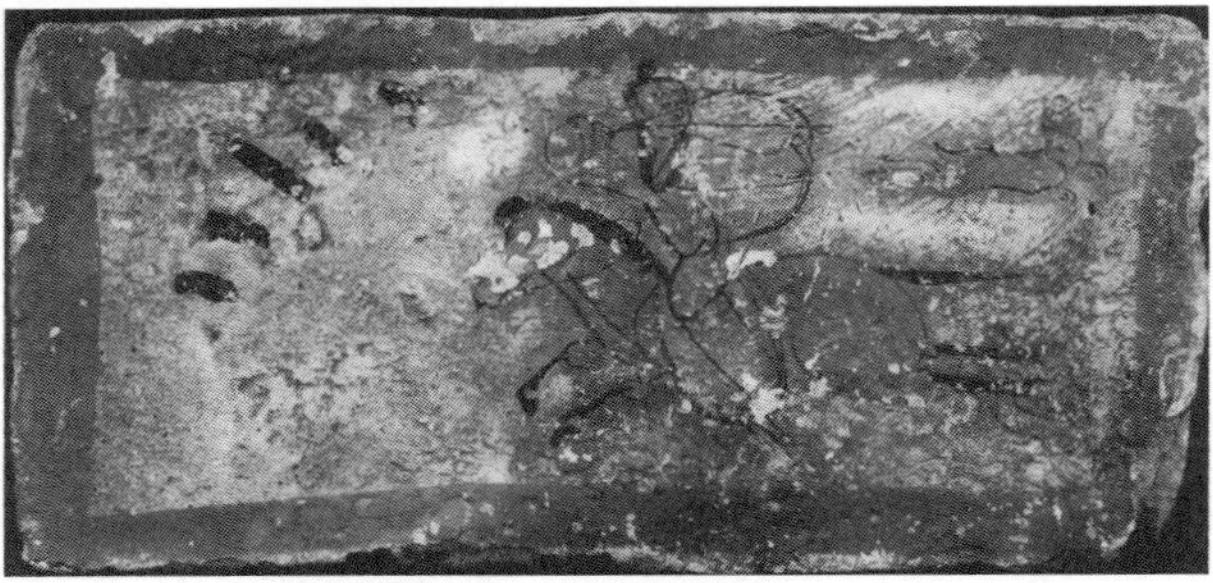

賀西林・李清泉『中国墓室壁画史』高等教育出版社、2009 年、73 頁

中国は聡明叡智の人のいる所であり、万物財貨の集まる所であり、賢人聖人の教化するところであり、仁義の行われる所であり、詩書礼楽の用いられる所であり、才能技能の試される所であり、遠方の見守る所であり、蛮夷の模範とする所である。いま王がこのことを捨てて胡服を採用するのは、古の教を変え、古の道を変え、人心に逆らい、学者を退け、中国を離れることである。だから王に再考を願う」と反対した。

これに対して武霊王は「そもそも服とは用途に沿うもの。礼とは事柄に沿うものである。聖人は土地を見て適宜行い、事柄に従って礼をつくる。それによって民に利益をもたらし国を豊かにする。髪を切り入れ墨をし、腕を組み襟《えり》を左前に着るのは甌越《おうえつ》の民である。歯を黒くし、額に彫り物をし、魚の冠をかぶり粗縫いの服を着るのは呉の国である。それぞれ礼と服は同じではないが、便宜に従うことでは同じである。土地が違えば用途は変わり、事柄が違えば礼も変わる。そのため聖人はその国を豊かにするために用途を一つにしなかった。その事柄を便利にするために礼を同じにしなかったのだ」と反論した。かくして叔父の説得に成功した武霊王は胡服令を出した。

さらに大臣たちの反対論も封じたうえで、翌年、中山に攻め入り、さらに西方へ転戦してオルドスにも攻め入り、オルドスの林胡王は馬を献上して和を求めた。このあと武霊王は連年にわたって中山を攻撃し、ついに恵文王の三年（前二九六年）に中山は滅んだ。この間、武霊王は王位をゆずって主父《しゆほ》と称し、胡服を着て西北の林胡・楼煩を従わせ、代《だい》から陰山にそって高闕《こうけつ》（内蒙古バヤンノール）に至るまで長城を築き、雲中《うんちゆう》・雁門《がんもん》・代の三郡を設置した。

武霊王の「胡服騎射」に反対を唱えた人たちは、中華を捨てて夷狄にならうことへの抵抗感があった。しかし「胡服騎射」によって騎兵を導入して、林胡・楼煩を従わせ、中山を滅ぼすという成果をあげたことで、騎兵は趙軍の主力となった。

3　秦と匈奴

†開国伝説と聖人の政治

秦はもともと黄河上流域の農牧境界地帯において、牧畜生活をおくっていた。『史記』秦本紀によると、「秦の先祖は帝顓頊《ていせんぎよく》の末裔で、孫娘の女脩《じゆしゆう》が機織りをしていたとき、玄鳥が卵を落としていったのでそれを呑み込むと身ごもり大業《だいぎよう》を生んだ」とある。玄鳥の卵を呑んで妊娠する話は、殷の開国伝説と同じ構図である。

大業の子孫はあるときは中国に住み、あるときは夷狄に住んだという。西周の孝王の時代、犬丘《けんきゆう》（甘粛省礼県）に住んだ非子《ひし》は馬の飼育に秀でたため、孝王から秦（甘粛省秦州）を賜り、秦嬴《しんえい》と称した。その後、西周の幽王が申公と戎に殺されると、秦の襄公は兵をひきいて周の平王が洛邑にうつるのを助け、平王から諸侯に任じられ、岐山以西の地を賜った。

春秋時代、戎王は由余《ゆうよ》を秦に遣わして国情を視察させた。秦の穆公は、由余を驚かせようと宮殿にある祭器などの宝物を見せた。すると由余は「これは人民を苦しめるもとです」と非難した。そこで穆公は、「中国は詩書礼楽法度をもって政治をしていても時々戦乱に見舞われる。こうした祭器のない戎狄はどうやって政治をするというのだ」と反論した。由余は「中国が乱れるのは、こうした礼楽法度があるからです。黄帝が礼楽法度をつくり、みずから率先して守っていたときはよかったが、近ごろ君主は贅沢に走り、法度の力で人民を苦しめる。苦しめられた人民は君主を恨む。しかし戎狄では、君主が質素倹約をもって人民に臨み、人民は忠誠心をもって君主に仕える。一国の政治は一身を治めるようなもの。自然と治まるのです。これこそ聖人の政治というものです」と答えた。

この返答を聞いた穆公は、由余を引き入れようと、戎王に女子楽団を送って中国の音楽を聞かせたうえで、由余を帰国させた。由余が戎王に音楽の危険性を訴えても戎王は聞かず、由余は戎を去って秦に仕えた。こうして由余を得た穆公は、戎王を討って一二国を併合し、西戎の覇者となった。さらに穆公は、晋の公子重耳を晋に帰して即位させた。これが晋の文公である。晋の文公の死後、秦は晋の領土を奪うなどの功績をあげたことから、後世、春秋の五覇に数えられた。

戦国時代、秦は東方への拡張につとめ、孝公のとき商鞅《しょうおう》を抜擢して改革（商鞅変法）を実施し、軍事大国へと成長していった。このとき首都咸陽《かんよう》の北側には義渠がいた。義渠は城郭を築いていたと『史記』にあるから、騎馬遊牧民ではない。秦は恵文王のとき、義渠の二五城を攻め落とし、さらに魏を攻めて西河と上郡を奪った。つづく昭襄王《しょうじょうおう》のとき、義渠の王は、昭襄王の母の宣太后と密通して二子をもうけた。宣太后は義渠の王を甘泉宮に誘い出して殺し、義渠を攻撃して大損害を与え、隴西《ろうせい》（甘粛省臨洮）・北地《ほくち》（甘粛省寧県）・上郡《じょうぐん》（陝西省綏徳）を領有し、ここに長城を築いた。これにより義渠は滅亡したと史書には書かれるが、前漢武帝に仕え、匈奴との戦争に将軍として参加した公孫駕《こうそんが》と公孫敖《こうそんごう》はともに義渠の末裔（『史記』衛将軍驃騎列伝）とあることからすると、義渠の一部は秦の支配下に入ったのであろう。

義渠の北、オルドスには林胡・楼煩という騎馬遊牧民がいたが、さらにその北の陰山方面に匈奴が現れ、その後、長きにわたって中華世界と深く関わっていくことになる。

†匈奴の登場

匈奴はいつどこで勃興したか。司馬遷『史記』匈奴列伝によれば「夏后氏《かこうし》の苗裔なり」、すなわち夏王朝の子孫であるとする。南朝陳の楽産《がくさん》『括地譜《かつちふ》』には、「殷の湯《とう》に討たれて北方に逃れた夏の桀《けつ》の子の獯粥《くんいく》が、北方で遊牧生活を送った。これを中国では匈奴と称した」と説明している。いずれにせよ、中華側の認識では、匈奴は中華を追われたものと見なされていた。『国語』周語にも「放縦《ほうじゅう》で怠慢な者は刑罰を加えて僻地《へきち》に流す。そこに蛮夷の国が生じ、刑罰を加えられた民が生まれた」とあり、匈奴など蛮夷の国は、中華を追われた者であるとする思想がみられる。

匈奴が中華から追放された人の子孫であるという言説は、あくまで中華側のものであって、歴史的事実を反映したものではない。考古学的には、北モンゴリアに分布する板石墓《ばんせきぼ》文化と南モンゴリアに分布する青銅器文化との交わりのなかから、匈奴が出てきたという説が有力であるが、匈奴勃興期の資料が少ないことと、また匈奴の君主である単于の墓が特定されていないため、明確なことはわからない。

匈奴は前四世紀末頃から中華の史料に登場するが、遊牧集団として中華の脅威となるのは、前三世紀中頃のことである。『史記』李牧《りぼく》列伝には、趙の北辺を長年匈奴から守った良将として李牧のことが記されている。李牧は「もし匈奴が侵入したときは、急いで家畜を収容し、城塞に立てこもれ。あえて匈奴を捕らえる者は斬罪にする」という軍令を出し、匈奴が攻めてきても籠城して戦わなかった。そのため損害はなかったが、李牧の戦法を匈奴は卑怯となじり、趙兵たちも臆病であるとしたため、趙王は李牧を解任した。

後任の将軍は、匈奴が攻めて来るたびに出撃して迎え撃ったが、戦況は不利で、この地域の住民は農業も牧畜もできずに困窮した。そこで趙王が李牧を呼び戻すと、李牧は籠城作戦を条件に引き受けた。籠城作戦で数年しのいだが、趙兵が匈奴と一戦することを願い出たため、李牧は戦車一三〇〇台、騎兵一万三〇〇〇人、勇猛な兵士五万人、弓兵一〇万人を集めて演習し、家畜を放牧して人民が野にあふれた。匈奴が大軍をひきいて侵入すると、李牧はいくつもの奇陣をしいて左右の両翼を張り、匈奴一〇万騎あまりを殺した。ついで襜襤《せんらん》、東胡《とうこ》、林胡《りんこ》を降したので匈奴単于は敗走し、以後一〇年あまり趙の国境に近寄らなかった。

この話から、匈奴が家畜と人民をねらって侵入してくること、また匈奴のほかに襜襤、東胡、林胡などの遊牧集団がいたことがわかる。

†七雄の戦力比較

戦国時代、北方に騎馬遊牧民が出現したことで、さきにみた趙の武霊王の「胡服騎射」に代表されるように、戦国七雄のあいだでも軍事改革がすすみ、戦車から騎兵へとシフトしていった。そこで、戦国七雄の軍事力をみてみよう。

『史記』蘇秦《そしん》列伝に、蘇秦が各国を遊説した内容が記載されており、そのなかで各国の軍事力について言及している。ただし蘇秦が秦に対抗するため、他の六国に合従策《がっしょうさく》を説いたなかでの数字であるため、数字はかなり誇張されている。とは言え、各国の軍事力を知る手掛かりにはなる。なお秦の軍事力については、秦との連衡策《れんこうさく》を説いた張儀《ちょうぎ》の言説のなかに出てくる。

燕の戦力は、鎧を装備した兵士数十万、戦車一〇〇〇両、騎馬六〇〇〇頭。

趙の戦力は、鎧を装備した兵士数十万、戦車一〇〇〇両、騎馬一万頭。

韓の戦力は、鎧を装備した兵士数十万。

魏の戦力は、武士二〇万、青い頭巾の特殊部隊二〇万、奮撃という精鋭二〇万、雑役奴隷一〇万、戦車六〇〇両、騎馬五〇〇〇頭。
斉の戦力は、鎧を装備した兵士数十万。
楚の戦力は、鎧を装備した兵士一〇〇万、戦車一〇〇〇両、騎馬一万頭。
秦の戦力は、鎧を装備した兵士一〇〇万、戦車一〇〇〇両、騎馬一万頭。

戦国七雄の軍事力を比較すると、秦は楚と同じ規模の軍事力を有し、他の国はそれより一段劣る。ただ他国を圧倒できるほどの戦力差はなく、軍事力に劣る国は合従して秦に対抗したため、秦が他の六国を滅ぼすためには、別の要因が必要となってくる。

その要因のひとつとして、好並隆司は、秦には、東方六国とは違って「戎翟《じゆうてき》の風」すなわち遊牧的習俗があり、遊牧的性格の秦が、農耕を基本とする東方諸国を物理的に征服することによって成立した。秦はいわゆる征服王朝であるという。このころ戦場の機動力は戦車から騎馬へと移行しつつあり、騎馬の保有数でも秦・趙・楚は他国をしのいでいた。秦の六国平定の要因の一つとして、騎兵が関係していたことは間違いない。

†秦の中華統一

秦は昭襄王のとき魏冄《ぎぜん》・白起《はくき》・范雎《はんしよ》らを登用して、勢力を拡大していった。これに対し東方の六国は合従策で対抗したが、秦の攻勢を食い止めることはできなかった。秦の領土は飛躍的に拡大し、前二八八年には、秦と斉が西帝・東帝を称した。これは秦と斉とで天下を二分するというもので、東西二帝は他の王の上に立つことを意味する。この天下二分はまもなく撤回されたが、前二五六年に周が秦によって滅ぼされ、秦一強へと趨勢は傾いていく。ただ昭襄王の死後、孝文王（在位一年）と荘襄王（在位三年）が短命に終わったこと、荘襄王を継いだ秦王政が一三歳と幼かったことから、秦の攻勢は一旦かげりをみせる。

秦王政が成人となり親政を開始すると征服戦争をはじめ、前二二一年に天下統一を果たした。江村治樹は、秦による天下統一のカギは、三晋地域（韓・魏・趙）をおさえたことにあるという。秦は商鞅の改革によって強力な軍事国家体制を築き、大きな都市の少ない周辺の地域の征服からはじめ、ついで大都市の集中する三晋地域の侵略に着手するが、都市を征服しても安定的な支配を確立するには時間がかかった。ただ三晋地域の大都市は独立性が高く、孤立分散する大都市を地道に一つずつ征服していくことで、秦は三晋地域を征服して郡を設置することに成功した。こうして三晋地域をおさめたことで、秦の経済力、軍事力が急速に高まり、統一へと一挙に進むことになった。

†匈奴討伐と万里の長城

始皇帝は前二一五年、蒙恬《もうてん》に三〇万の兵を率いさせて、匈奴を討たせた。なお『史記』秦始皇本紀には、燕の方士盧生《ろせい》が海上から持ち帰った鬼神の図書に「亡秦者胡也」とあることを受けて、始皇帝は胡すなわち匈奴を討たせたという。『史記集解』は後漢の鄭玄《じょうげん》の説として「胡とは胡亥《こがい》、秦二世の名である。秦は図書を見てこれが人名であるとわからず、かえって北胡に備えた」という話を引用している。胡が胡亥であるというのは、秦が二世皇帝胡亥のときに滅亡したことを、この図書の予言に仮託《かたく》したもの。つまり秦の滅亡の原因を、後世のひとがこの予言と結びつけたのである。始皇帝が予言を信じたかどうかは別として、匈奴に対処する必要はあった。

匈奴をオルドスから追い出した秦は、黄河を渡った陰山南麓まで支配下におさめ、黄河にそって四四県をおいて内地から犯罪者を入植させた。また臨洮《りんとう》から遼東《りょうとう》まで、一万里におよぶ長城を築いた。これがいわゆる「万里の長城」である。なお万里の長城はこのときゼロから建設されたのではなく、戦国の燕と趙の築いた長城を修復しつつ連結した。さらに新たに獲得した黄河の外側については、「山険を国境とし、渓谷を濠とし、各地に亭障を築いた」と、地形をベースにしたようである。というのは、戦国時代の秦の長城はオルドスの南側を通っていて、これを再利用したのではせっかく手に入れたオルドスを防衛する意味をもたない。しかしながら、黄河の外側には、このとき築かれた長城の遺構は発見されていない。そのため黄河の外側については、地形をそのまま利用したと考えられている。

秦の長城は城壁・関所・烽火台によって構成され、そこには兵士が駐屯した。関所には互市《ごし》という国境の交易場が開設された。烽火台は一五キロから二〇キロ間隔で設置され、兵士が日夜交替で当直にあたった。長城には、関所や烽火台に駐屯する正規兵のほかに、長城沿いに住む人々が守備にかりだされた。このような民兵を三軍という。戦時には、長城沿い七〇メートルごとに一隊五〇人がおかれた。このなかには男性のほかにも女性や老人、身体不自由者も含まれていたことが「秦律」からわかる。

さらに始皇帝は、陰山南側の九原《きゅうげん》（包頭市）と首都咸陽とを結ぶ軍事専用道路の直道《ちょくどう》を建設した。直道は山を切り開き、谷を埋めて全長は約七〇〇キロに及んだ。前二一〇年七月、始皇帝が巡幸先の沙丘《さきゅう》の平台《へいだい》（河北省平郷県）で病死すると、始皇帝の急死を秘したまま、その遺体を乗せた轀涼車《おんりょうしゃ》は、井陘関《せいけいかん》（河北省石家荘市）から九原にむかい、九原から直道を通って咸陽へもどった。暑さで遺体が腐って異臭がするなか、塩漬けの魚をのせて臭いをごまかしながらの帰還であった。咸陽に到着すると、胡亥が即位して二世皇帝となり、九月に始皇帝を酈山《りざん》に葬った。

†始皇帝陵

始皇帝陵といえば、一九七四年に農民によって偶然発見された兵馬俑が有名であるが、兵馬俑坑は陵墓に付随した陪葬坑の一つで、ほかに銅車馬坑・珍禽異獣坑などがある。兵馬俑坑は四つの地下坑から構成され、一号坑は戦闘時の陣形を再現したもので、約六〇〇〇体の歩兵と約五〇両の戦車が方形の陣を組んで並んでいる。二号坑は野営地で、弩弓《どきゅう》兵・戦車兵・騎兵・歩兵からなる。三号坑は統幕部で、将軍のほか衛兵からなる。馬の陶俑は高さが一・三メートル、馬の背には敷物のうえに革製の鞍《くら》がおかれ、腹と尻にわたした帯で固定している。鐙《あぶみ》（足かけ）はまだない。鐙が発明されるのは、四世紀以降のことである。騎兵は弩弓と剣を使用したと考えられている。

　兵馬俑坑における騎兵の占める割合は少ないが、始皇帝陵の園内には四〇〇以上の馬厩坑があり、一〇〇〇頭以上の馬が殉葬されている。坑のなかに

始皇帝陵の馬と騎兵

『特別展　始皇帝と大兵馬俑』NHK、NHK プロモーション、朝日新聞社、2015 年、125 頁

は跪坐《きざ》する陶俑が副葬されていたが、これは馬の生産管理を担当した圉師《ぎょし》とされる。

また湖南省の秦墓から出土した「睡虎地秦簡《すいこちしんかん》」には、秦の馬飼育の実態を知る手掛かりが残されていた。例えば「倉律《そうりつ》」には、馬車をひく馬には一日一回、穀類が餌として与えられたことが書かれており、また「田律《でんりつ》」には、藁《わら》や穀類を家畜の飼料として大量に徴収していたことが書かれていた。

†中国の成立

秦の始皇帝によって統一された地域は「天下」とよばれた。始皇帝の政策で悪名高い「焚書《ふんしょ》令《れい》」(『史記』秦始皇本紀)のなかにも「いま天下すでに定まり、法令は一に出る」とか「いま皇帝は天下をあわせもち、黒白を別して一尊を定む」といった表現が使われている。秦の領域である「天下」を継承した漢は、それを「中国」と呼びかえた。『史記』天官書は「秦ついに兵を以て六王を滅ぼし、中国をあわせ、外に四夷を攘《はら》う」としている。

漢の支配は四〇〇年に及んだため、漢の支配する領域とそこに暮らす人々や文化、これらすべてが中国となった。と同時に、漢王朝の領域外、すなわち万里の長城の外側が夷狄の世界とされた。長城の内側の中国=漢は中華文明の世界であり、そこに住む漢人、そこで使用される文字の漢字、そこでの秩序である儒教が文明を代表するものとなった。

その一方で、長城の外側の夷狄＝匈奴は野蛮人の代表として胡と呼ばれた。魏晋以降、中国は中華ともよばれた。しかし理念的にはそうであっても、現実問題として中国内には夷狄と称される人々が居住していた。また王朝の支配領域も時代によって拡大・縮小し、必ずしも秦の天下に収まるものではなかった。このように漢以降に成立した中国＝中華の概念は、地理的にも民族的にもカチッと定まった概念ではなく、揺らぎをもった概念として清まで継承されていく。

†夷狄に対する四つの対処法

中華王朝にとって夷狄との接し方には以下の四つの方法があった。

（一）同化　中華と夷狄の間の文化的差異・優劣を前提にして、夷狄を教化・融合して中華に取り込む。

（二）羈縻《きび》　夷狄を夷狄のまま中華の支配下につなぎとめる。

（三）棄絶《きぜつ》　夷狄を放置・駆逐して王朝の統治対象を中華に限る。

（四）転位《てんい》　中華から夷狄への転落、夷狄の中華への昇格。

棄絶や羈縻では、出自血統や生活文化の違いが前提として強調されるのに対して、同化や転位では、礼や言語といった文化の習得や徳といった人格的能力が前提とされた。夷狄が中華の支配者となる際には、転位は有効な論理であった。また夷狄に華北を奪われた王朝（南朝・南宋）は、棄絶の論理で自己の支配領域のみが中華であるとした。唐・元・清は、転位の論理で夷狄から中華となり、さらに周辺の夷狄に対しては、羈縻の論理で接した。

春秋時代、諸侯の周辺にはつねに夷狄がいて、夷狄と婚姻関係を結んだり、夷狄を討伐したりと濃厚な関係をもった。戦国時代になると、国内の夷狄は理念上は姿を消し、かわって長城地帯に騎馬遊牧民が出現し、戦国七雄の燕・趙・秦はその対応に追われることになった。長城の建設はそのひとつであり、騎兵の導入も進められた。秦が天下を統一し、オルドスにいた匈奴を黄河の北に追いやって「万里の長城」を築くと、秦の領域が「天下」であるとの認識が生まれた。秦のあとをうけた漢が四〇〇年つづいたことで、漢の領土・制度・文化が中華となると同時に、長城の外側が夷狄の世界とされた。

第四章

中華と夷狄の対峙

『史記』匈奴列伝に「冒頓《ぼくとつ》に至り匈奴は最も強大となり、尽《ことごと》く北夷を服従して、南は中国と敵国となる」とある。敵国とは敵対関係にある国の意味ではなく、自国に匹敵する国という意味で、前漢の司馬遷は匈奴を漢と同等の国と認めていた。

前漢の武帝はオルドスと河西を匈奴から奪い、ようやく秦の始皇帝がつくった中華世界を取り戻した。それ以後、長城をはさんで、北の夷狄と南の中華という枠組みが固定化していく。

本章では、匈奴と漢の関係を中心に、夷狄と中華の関係をみていく。

1 匈奴国家の成立

†君主の呼び名

頭曼単于《とうまんぜんう》には太子がいて、名を冒頓といった。頭曼の愛する妃が末子を生み、頭曼は太子を冒頓から末子にしようと思い、冒頓を月氏《げっし》に人質として送った。冒頓が月氏に到着すると、頭曼は月氏を急襲した。月氏は冒頓を殺そうとしたが、冒頓は良馬を奪って騎乗して逃げ帰った。頭曼は壮挙であるとし、万騎長に任命した。

『史記』匈奴列伝にはこう書かれているが、いくつか補足しておこう。まず頭曼とか冒頓とい

匈奴と漢

沢田勲『匈奴　古代遊牧国家の興亡』新訂版、東方書店、2015年、141頁に加筆

うのは個人名ではなく、単于号と呼ばれる君主としての呼び名である。頭曼はモンゴル語のトゥメン（万人長）、冒頓はモンゴル語のバートル（英雄）とされる。頭曼が万人長だとすると、月氏から善馬を盗んで帰還した冒頓も父とおなじく万騎長に任命されたことになる。

匈奴の君主号である単于については、『漢書』匈奴伝に「単于の姓は攣鞮《れんてい》氏《し》、その国では「撐犁《とうり》孤塗《こと》単于《ぜんう》」という。匈奴では天を撐《とう》犁《り》とし、子を孤塗《こと》とする。単于は広大な様をさし、単于が天のようであることを言う」とあり、漢字で表記すれば「天子単于」となる。遊牧民が天（テングリ）を崇拝していたことを表現した君主号である。二〇一九年、オルホン川流域のハルガニン・ドゥルヴルジン遺

天子単于瓦

国立チンギス・ハーン博物館蔵（筆者撮影）

跡にて、「天子単于 與天毋極 千萬歲」と書かれた軒丸瓦が発見された。この発見によって『漢書』の記述が正しかったことが証明された。写真の天子単于瓦は、右から左にかけて四字三行、三行目は三字で「天子単于は、天のように極まりなく、千年万年つづく」という意味の文字が篆書で書かれている。

†天子と皇帝

中華世界では、周のときから、天子と王の二つの称号が使われてきた。周は文王を「天命の膺受者《ようじゅしゃ》」である天子、武王を「四方の匍有者《ほゆうしゃ》」である王とし、その子孫は天子と王の二つを受け継ぐ者とされた。

戦国時代、秦王政が天下を統一して、王にかわり皇帝を称したが、始皇帝は天子を称したか否か、これまで長らく論争となっていた。西嶋定生は、皇帝とは「煌々《こうこう》たる上帝」すなわち天の最高神であるから、上帝の子である天子の称号は棄てたとした。しかし王にかわる新たな君主号をつくるにあたり、丞相《じょうしょう》の李斯《りし》は「天子」の自称として「朕」を提案し、始皇帝はこれを承諾していることから、始皇帝は天子であると自認していたことになる。

王にかわる皇帝の称号は、地上の支配者の称号の変更であって、かつて地上を支配したとされる伝説上の三皇五帝をこえる存在として皇帝という称号がつくられた。戦国時代、秦と斉が西帝と東帝を称して天下を二分したことも、王の上の君主号として、帝というものがあるという認識にもとづく。皇帝が上帝だとすると、天子という称号とは矛盾をきたす。しかし地上の支配者の称号だとすれば、天子とは矛盾しない。本来、天子と王とは別々の性格を有し、王が皇帝にかわったあとも、天子と皇帝は別々の意味をもったと考えられる。なお中華世界における天子は、上帝の代理として地上をおさめるもの。一方、遊牧世界の天子は、天の神からカリスマ性を賦与されたもので、同じ天子でもニュアンスは異なる。

†冒頓のクーデター

さて父に殺されそうになった冒頓は、ひそかに父を殺して単于になるため、命令に忠実な側近部隊の育成をはじめる。「鳴鏑《めいてき》で射るところを射ない者は斬る」という命令のもと、狩りで獣を射ることからはじめ、良馬、愛妻、頭曼の良馬と徐々に難易度をあげ、ついに頭曼の狩猟についていったとき、頭曼を射殺した。さらに自分に従わない頭曼の妃、異母弟、大臣たちをすべて殺し、冒頓は単于となった。

遊牧社会では母殺し、妻殺しはタブーである。王沈《おうちん》『魏書』に遊牧民である烏丸《うがん》（烏桓）について「その性格は傲慢《ごうまん》で、怒れば父や兄を殺した。しかし決して母は殺さない。母には一族がいるが、父兄は自分の一族で報復する者がいないからである」とあり、母を殺せばその一族から報復されるため、母を殺すことはないと説明されている。妻は他の部族から嫁いでくる部族同盟の証であり、妻を殺すことは部族同盟の破棄につながる。遊牧社会で行われる婚姻形態のレビレートも、部族同盟の継続という側面をもっている。レビレートとは、父が死ぬと子が父の妻をめとる。ただし自分の母親はのぞく。兄が死ぬと弟が兄の妻をめとる。父が複数の部族から妻たちを迎え、その妻たちを子がむかえることで、父が結んだ部族同盟は維持される。兄弟間でもおなじである。

冒頓単于がそのタブーを破ったのは、自分の支配に服さない部族は徹底的に排除するという冷徹な判断によるものであり、その判断によって冒頓単于はモンゴリアに覇を唱える英雄となるのである。

†モンゴリア制覇

冒頓単于が即位したころ、東胡が強盛で、冒頓が父を殺して自立したと聞くと，使者を派遣してきて、冒頓のもつ千里馬（優秀な馬）をよこせと要求した。冒頓はそのことを群臣に問うと「千里馬は匈奴の宝であり、与えられない」と、みな反対した。ところが冒頓は「隣国のよしみとして、どうして一頭の馬が愛《お》しかろう」と言って千里馬を与えた。

しばらくすると東胡は、冒頓が東胡を恐れていると思い、また使者を派遣して今度は冒頓の閼氏《あつし》（妃）をよこせと言ってきた。冒頓が群臣にはかるとみな怒り、「東胡は理不尽である、妃を求めてくるとは。討つべし」と言った。ところが冒頓は「隣国のよしみとして、どうして一人の女が愛しかろう」と愛する閼氏を東胡に与えてしまった。

そこで東胡王は勢いづいて、侵攻してきた。匈奴との間に無人地帯が千余里あり、それぞれ国境に住んで甌脱《おうだつ》（見張り）とした。東胡は使者を派遣して「匈奴との国境にある甌脱の外の地は、匈奴が来られないところだから、わが方に頂きたい」と言ってきた。冒頓がこれを群臣に問うと「これは棄地《きち》ですから、与えるも与えないも自由です」と答えた。これを聞いて冒頓は激怒した。「土地は国のもとである。どうして与えられよう！」といって、与えてもよいと言った者をみな殺しにした。

冒頓は馬にまたがると国中に命令を出し、遅れた者は斬るとし、ついに東胡を襲撃した。東胡王は、冒頓を軽んじて備えをしなかった。冒頓は東胡王を殺し、その人民と家畜を手に入れた。この一連のエピソードから、冒頓が馬や妃よりも土地を重視していたことがわかる。

冒頓は、東胡を征服すると、西の月氏《げっし》を敗走させ、さらにオルドスの楼煩《ろうはん》と白羊河南王《はくようかなんおう》を併合した。秦が蒙恬《もうてん》を派遣して奪った匈奴の地を奪い返し、オルドスにある戦国秦の長城を国境とした。このころ中華世界では、項羽《こうう》と劉邦《りゅうほう》が争っていたため、匈奴に対処する余力はなく、そのすきに冒頓単于は南モンゴリアを支配下におき、騎馬兵は三〇万あまりとなった。

ついで冒頓は北モンゴリアに遠征して、渾庾《こんゆ》・屈射《くつしゃ》・丁零《ていれい》・鬲昆《れきこん》・薪犂《しんれい》を服属させた。『史記』匈奴列伝には「ここにおいて匈奴の貴人大臣はみな服し、冒頓単于を以て賢となす」と書いている。これは何を意味するのか。南北モンゴリアを支配下におさめた冒頓単于に対して、匈奴の貴人大臣が、かれを真の支配者として認めた。つまりこのときはじめて「天子単于」になったのである。単于は「天子単于」というように、天のように偉大で広大な君主を指す。頭曼や父を殺して即位した直後の冒頓は、「天子単于」と称するには実力不足である。『史記』では、頭曼以前にも匈奴には単于がいたかのように書いているが、それは後付けであろう。すでに単于の称号があったとすれば、それは部族長くらいの意味である。冒頓単于がモンゴル高原に覇を唱えた段階で、単于（部族長）から天子単于（皇帝）に格上げされたと考えられる。おなじことは、鮮卑や突厥の君主号である可汗《かがん》（部族長）・大可汗（皇帝）、モンゴル帝国のカン（部族長）とカーン（皇帝）にも通じる。

†匈奴の国家体制

冒頓単于は中央にいて、東を左翼、西を右翼とした。これは南を正面としたときの左右にあたる。東の左翼は上谷《じょうこく》以東、穢貊《わいばく》・朝鮮に接し、左賢王《さけんおう》・左谷蠡《さこくり》・左大将・左大都尉《とい》・左大当《とう》戸《こ》などがいた。西の右翼は上郡《じょうぐん》以西、氐《てい》・羌《きょう》に接し、右賢王《うけんおう》・右谷蠡《うこくり》・右大将・右大都尉・右大当戸などがいた。冒頓単于の本拠地は代《だい》・雲中《うんちゅう》の北側に置かれた。各地にいた左右賢王以下の諸王には領地が与えられ、その領地内で遊牧生活をおくったが、これらの地域は南モンゴリアにあったと考えられる。一方、北モンゴリアの地域には丁零などの諸部族がいて、匈奴に服属していた。

左右賢王から大当戸までは「万騎」と呼ばれ、数千騎から一万騎を率いる指揮官で、二四人いた。さらに万騎長の下には千長・百長・什長がいて、匈奴の軍隊が十進法であったことがわかる。

また『後漢書』南匈奴伝によると、左賢王・左谷蠡王・右賢王・右谷蠡王を四角、左右日逐《じっちく》王《おう》・左右温禺鞮王《おんぐうていおう》・左右漸将王《ぜんしょうおう》を六角といって、これらは匈奴における地位を表わし、単于の子弟がなる。左賢王は単于につぐ地位で、次期単于になる人物がつき、以下、右賢王・左谷蠡王・右谷蠡王と順次ランクダウンしていく。なお、匈奴の王号は世襲されるものではない。単于の一族攣鞮氏《れんていし》のほかに呼衍氏《こえんし》・須卜氏《すぼくし》・丘林氏《きゅうりんし》・蘭氏《らんし》の四姓が攣鞮氏と婚姻関係を結ぶ有力な一族で、骨都侯《こつとこう》・且渠《そきょ》などの単于を補佐する官職につき、単于の一族攣鞮氏とともに匈奴の支配部族である屠各部《とかくぶ》を構成している。

†スキタイとの類似性

遊牧民が最初に築いた国家とされるのが、前七世紀から前三世紀にかけてポントス・カスピ海ステップを支配したスキタイである。スキタイの伝承に、三人の子供たちで国をわけるという話がでてくる。支配領域を三分割するのは、スキタイにはじまり、匈奴や鮮卑などでもみられる共通点である。

またヘロドトス『歴史』には、スキタイは多様な人々から構成されていたことが書かれている。支配者として王族スキタイ（遊牧民）がいて、その支配下に遊牧スキタイ、ギリシア系スキタイ（都市民）、農民スキタイがいた。対して匈奴にも、支配者としての屠各部（王族匈奴）がいて、その支配下にその他の諸部族（遊牧匈奴）、オアシス都市（オアシス匈奴）、農耕に従事する民（農耕匈奴）がいた。

さらに近年のゲノム解析によって、匈奴は多様な出自の人々から構成されていたことが明らかにされた。それによると、「匈奴人」は東ユーラシア人の系統をひく板石墓文化、西ユーラシア人の影響をうけたチャンドマニ＝サギル文化、イラン方面のバクトリア＝マルギアナ考古複合という三要素からなり、それらが地域ごとに濃淡ありながら混じり合っている。このことから、遊牧国家のスキタイや匈奴は、単一民族から構成されたのではないことがわかる。

2　前漢と匈奴

†白登山の戦い

前二〇二年、漢の皇帝に即位した高祖劉邦は、韓王信を代王として馬邑《ばゆう》（山西省朔州市）においた。匈奴の冒頓単于は大攻勢をかけて馬邑を囲み、韓王信は匈奴に降った。冒頓はさらに南下して句注山《くちゆうざん》をこえて太原郡を攻め、晋陽《しんよう》までせまった。高祖はみずから兵を率いて迎え撃ったが、冬で大変寒く、凍傷で指を失う兵士が三割にのぼった。ここで冒頓は敗走するとみせかけて漢軍を誘った。漢軍が追撃してくると、冒頓は精鋭を隠して老弱な兵を出した。そこで漢は全軍三二万を率いて追撃したが、歩兵が多数を占め、高祖が平城《へいじよう》に到着するころ、歩兵はまだ到着していなかった。そこで冒頓は精兵四万騎を出して高祖を白登山《はくとうざん》に包囲した。

厳寒の白登山に七日間包囲された高祖は、冒頓の閼氏《あつし》（妃）に使者を送り、手厚い贈物をした。閼氏は冒頓に「両主はお互いに困らせないものです。いま漢の地を得ても単于はそこに住むことはできません。また漢王にも神がついています。単于はそのことをお察しください」といい、冒頓も協力するはずの韓王信の将軍王黄《おうこう》と趙利《ちょうり》が援軍に来ないことから、漢と密約があるのではと疑い、閼氏の言葉を聞いて包囲の一角を解いた。そこで高祖は解けた一角から脱出して本隊と合流し、なんとか長安に帰りついた。漢ではこの敗戦を「平城の恥」と称し、匈奴とは戦わないことにした。

項羽との天下争いに勝利して、戦争巧者と称された高祖劉邦だったが、遊牧民との戦争には不慣れで、騎馬の機動力を生かした遊牧民の戦法にはまってしまった。アケメネス朝ペルシアのダレイオス大王が、スキタイに敗れたのと同じ戦法である。敗走とみせかけて誘い込み、追撃によって戦線がのび、疲弊したところを一斉に包囲して殲滅する。遊牧民がもっとも得意とする形に持ち込まれたら歩兵主体の漢軍は勝てるはずもない。

劉邦が逃れることができた理由の一つとして、匈奴に漢地を支配するつもりがなかったことがあげられる。直接支配するより漢から貢物を得た方が得策と考えたのである。そのことを冒頓に伝えたのが閼氏であるが、閼氏は冒頓とともに戦場まで来ていた。漢が閼氏に贈り物をして冒頓に撤退を進言させたことは、閼氏の影響力が大きいことを知っていたからであろう。

なお『資治通鑑《しじつがん》』胡三省《こさんせい》の注に、後漢の応劭《おうしょう》の説として、高祖の知恵袋の陳平《ちんぺい》が画工に美女を描かせ、閼氏に送って「漢にはこのような美女がおります。いま皇帝は困窮し、美女を献上しようとしています」と伝えた。閼氏は寵愛を失うことを恐れて、冒頓に囲みを解かせたという記事を載せているが、この話を引用した胡三省は、秘計とは中国の礼を失するものであるから、秘して伝わらないものだと述べている。画工に美女の絵を書かせる話は、後漢の蔡邕《さいよう》『琴操《きんそう》』にも王昭君《おうしょうくん》が匈奴に嫁ぐ話のなかで登場する当時の鉄板ネタだった。

†和親

前二〇〇年の白登山の戦いで勝利した匈奴は、その後も漢の北辺に侵入を繰り返した。匈奴の侵入に悩んだ高祖は、前一九八年、宗室の劉敬《りゅうけい》を使者として派遣して和親を結んだ。このとき両国の間では以下の取り決めがなされた。

① 公主（皇女）を単于の閼氏とする。
② 毎年、匈奴に絮《まわた》・繒《きぬ》・酒・米・食物を定量送る。
③ 兄弟の契りを結ぶ。

このうち①の公主を送ることについて、これを提案した劉敬は高祖の長女魯元公主《ろげんこうしゅ》を降嫁させるように進言したが、高祖の妻の呂后《りょこう》が「わたしにはただ長男と長女がいるだけ。どうして匈奴に捨てられよう」と日夜泣いて反対したため、高祖は魯元公主を送るのをあきらめて、宗室の娘を公主と称して単于に嫁がせた。冒頓としては、漢が公主を送ってきたという建前が重要であって、中身が違っていてもそこはあえて追及しなかった。この公主降嫁は冒頓・老上・軍臣の三代にわたって行われたが、いずれも公主という名目のもと宗室の娘が送られた。

ちなみに魯元公主はそのあとどうなったかというと、高祖の旧友で建国の功臣である張耳《ちょうじ》の子の張敖《ちょうごう》に嫁ぎ、娘を生んだ。その娘は高祖の子で二代目の恵帝の皇后となった。これは母親である呂后の意向による。恵帝は姉の子、すなわち姪《めい》と結婚したことになる。

劉敬は公主と単于が結婚すれば、単于は漢にとって娘壻《むすめむこ》。二人の間に子が生まれて次の単于になれば、その単于は漢の皇帝の外孫にあたる。壻や外孫が義父や祖父に逆らうことは礼としてあり得ないと説くが、これは中華の儒教的発想によるもので、匈奴には通用しない。ただ、漢から絹や食糧を送り、匈奴を中華づけにする作戦は一定の効果があった。

†中行説

老上単于（在位前一七四〜前一六一）が即位すると、漢の文帝は宗室の娘を老上単于に嫁がせた。そのとき宦官で燕《えん》地方（北京一帯）出身の中行説《ちゅうこうえつ》を公主の世話係とし、無理やり匈奴に行かせた。中行説は「漢の患《わずら》いとなってやる！」と捨て台詞を残して匈奴にいくと、単于に降った。単于は中行説を側近に取り立てて優遇し、中行説も単于のために働き、宣言通り漢の患いとなった。

彼は劉敬の中華づけ作戦によって絹や食物を愛好する単于に忠告した。

匈奴の人口は漢の一郡（大郡は二〇〇万人ほど）にも満たない。それなのに強いのは、衣食が中華と異なり、漢から供給を受ける必要がないからです。いま単于が習俗を変えて漢の物資を好むなら、漢の物産の十分の二以下にて匈奴は漢に服属するでしょう。漢より得た絹を着て草や棘《いばら》のなかを走れば、その衣装はみな破れてしまう。そこで毛織・毛皮の完璧さに及ばないことを国民にお示しください。また漢の食物はすべて捨てて、乳製品の簡便でおいしいことを国民にお示しください。

中行説は人口の少ない匈奴の強さの秘訣をよく理解していた。また漢に依存してしまえば、匈奴の自立は危ういことも熟知していた。

†前漢の帳簿

一方で、中行説は中華の先進的な制度を匈奴に教えている。その一つが「疏記《そき》」である。湖北省荊州紀南鎮の前漢墓から出土した「松柏前漢簡《しょうはくぜんかんかん》」に簿冊《ぼさつ》と分類された竹簡がある。内容は、南郡における労役対象者のうち、新たに対象者になった人数のリストである「南郡新傅簿《しんふぼ》」、労役の対象外になった人数のリストである「南郡免老簿《めんろうぼ》」、身体に障害がある者の人数のリス

松柏前漢簡

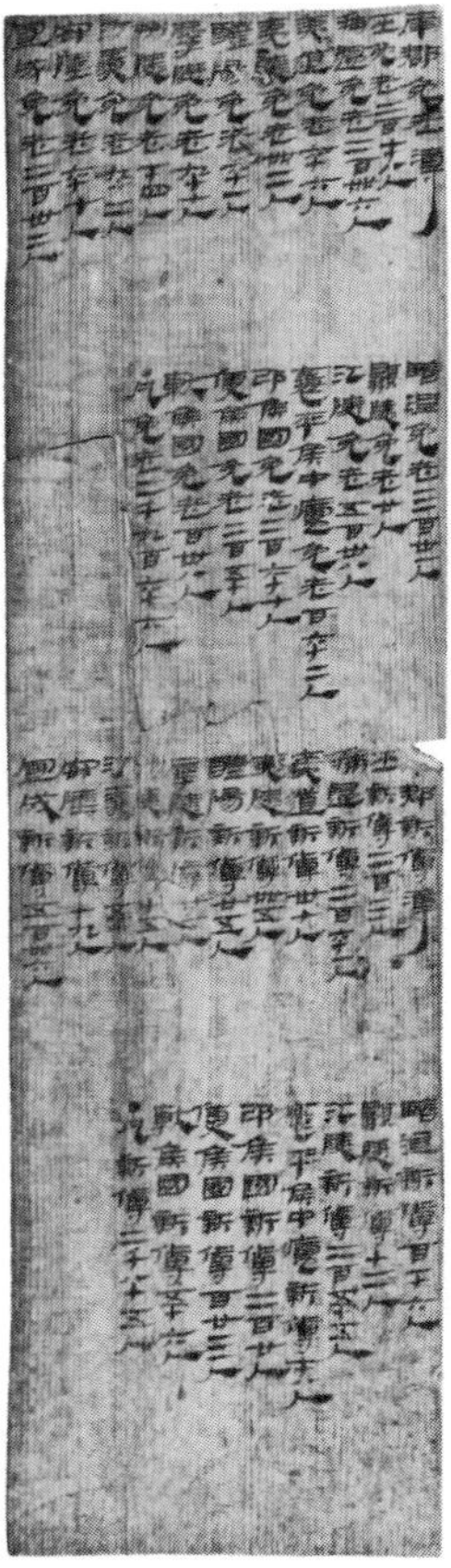

荆州博物館蔵。横田恭三『中国古代簡牘のすべて』二玄社、2012年、141頁

ト「南郡罷癃簿《ひりゅうぼ》」の三種類。前漢の南郡には一八の県が属しているが、リストは「江陵免老五百卌八人」というように、県ごとに対象者が何人という形式で箇条書きされている。中行説が単于の側近に教えた疏記もこのような徴税対象者のリストだったと考えられる。

†国書の往来

冒頓と高祖が和親を結んで以降、両国の間では国書のやり取りが行われた。漢が匈奴に送る国書は一尺一寸（二五センチ）の木簡を使用し、冒頭の文句は「皇帝は敬《つつし》んで匈奴大単于に問う、恙《つつが》なきや」とし、漢からの贈答品のリストと皇帝の言葉が書かれた。

一方、匈奴から漢に送られる国書は、当初は漢とおなじ一尺一寸の木簡を使用し、冒頭の文句は「天の立てる所の匈奴大単于、敬んで皇帝に問う、恙なきや」としたが、中行説は一尺二寸（二七センチ）の木簡を使用し、封印も大きい物とし、その文面も尊大に「天地の生む所、日月の置く所の匈奴大単于が敬んで漢皇帝に問う、恙なきや」とした。もとは「皇帝」とあるところを、わざわざ「漢皇帝」と国名を入れているところに、中行説の狡猾さが現れている。中華世界の皇帝は世界を統べるという認識に対して、漢の皇帝とすることで、世界の支配者ではなく、あくまで漢の支配者に過ぎないとしたのである。

また匈奴が漢より偉大なことを印璽の大きさでも示した。前漢初期に広東省一帯で自立した南越《なんえつ》の趙佗《ちょうた》が製作した「文帝行璽《ぶんていこうじ》」が漢の皇帝・皇后の玉璽（一辺約二・八センチ）に対して、一辺約三・一センチと一回り大きかった。匈奴も南越も漢より偉かった。

†匈奴の西域支配

前一七六年、冒頓単于は祁連山《きれんざん》付近にいた月氏を討ち、楼蘭《ろうらん》・烏孫《うそん》など西域のオアシス都市と遊牧民を支配下におさめ、右翼の日逐王《じっちくおう》に管理をまかせた。『漢書』西域伝によると、

大月氏はもともと遊牧民で、家畜に随って移動し、匈奴と習俗は同じ。騎兵は一〇万あまりいて強盛であったため、匈奴を軽んじていた。もともと敦煌、祁連の間に住んでいたが、冒頓

単于が月氏を破り、老上単于が月氏王を殺してその頭蓋骨で酒杯をつくると、月氏は遠く去り、大宛《だいえん》を過ぎ、大夏《だいか》を撃って服属させ、媯水《ぎすい》（アム川）の北を王庭とした。残留した者は南山の羌《きょう》を頼り小月氏と称した。

西域諸国はおおむね定住し、城郭と農地・家畜を有し、匈奴や烏孫と習俗は異なる。そのためみな匈奴に服属して使役されている。匈奴の西辺の日逐王は僮僕都尉《どうぼくとい》を置いて西域を治めさせ、焉耆《えんき》、危須《きす》、尉黎《いれい》の間にいて、諸国から徴税してその富を集めて豊かになった。

とあり、匈奴はオアシス都市から徴税して富を集めたことがわかる。ただこれは匈奴によるオアシス都市の一方的な支配ではなく、匈奴の軍事力によるオアシス隊商の保護とその見返りとしての貢納という共生関係を意味する。モンゴル国内で発見された匈奴の大型方形墓（貴族墓）から発見された絨毯《じゅうたん》・ガラス製品・トルコ石の装飾品・金製品・玉製品などは、西域から貢納されたものであろう。

†漢と馬

殷後期から、中華世界でも馬を飼育するようになったが、漢ではどのように馬を飼育管理していたのだろうか。『漢儀注』によると「太僕牧師の諸苑三六所、北辺・西辺に分布し、郎を苑監《えんかん》（牧場の管理者）とし、官奴婢《かんぬひ》三万人が馬三〇万頭を育てる」とあり、景帝のとき山西や陝西に国営牧場が三六か所おかれ、三〇万頭の馬が飼育されていたことがわかる。単純計算で一牧場につき約八〇〇〇頭の馬が飼育されていたことになる。

また景帝は、前一四六年に、馬高五尺九寸（一三五センチ）以上で、歯が平らではない馬の輸出を禁止した。歯が平らではないとは、馬は一〇歳で歯が平らになると顔師古の注にあることから、一〇歳未満の馬を指すと考えられる。前一四四年六月、匈奴が雁門より侵入して、武泉・上郡（ともに山西省）にある国営牧場の馬を掠奪した。その際、戦死した官僚と兵士は二〇〇〇人にのぼった。匈奴が漢の国営牧場の馬を掠奪した背景には、先の漢による馬の輸出規制があったと思われる。また武帝の時代には、国境の関市《せきし》（互市《ごし》）において、馬・弩・鉄の輸出が禁止された。これを馬弩関《ばどせき》という。

†武帝の即位

前一四一年、一六歳で即位した武帝は、匈奴の脅威を排除しようと、大月氏と連携するために張騫《ちょうけん》を使者として派遣した。その一方で、前一三三年、馬邑の互市に買い物にきた軍臣単于を捕らえようとしたが、事前に匈奴側に漏れてあえなく失敗。これにより匈奴との和親は断たれ、連年にわたり、匈奴の侵攻を受けた。

それまでの皇帝なら再度和親を求めたであろうが、武帝は違った。前一二九年から前九〇年まで、三九年間に一三回、匈奴出兵を敢行したのである。武帝が対匈奴戦争で採用した作戦は、兵力の大量投入である。なかでも主力となる騎兵は少ないときでも一万騎、多いときには一〇万騎にも及んだ。

さらに騎馬戦術に慣れた衛青《えいせい》や霍去病《かくきょへい》ら若き将軍を登用した。衛青は少年のころ羊飼いの仕事をし、成人になると平陽侯の騎士となり、姉の衛子夫《えいしふ》が武帝の寵愛を受けると侍中《じちゅう》になった。霍去病は、衛青の姉衛少児《えいしょうじ》の子で、一八歳で侍中となり、騎射が得意であったことから、大将軍衛青に従って匈奴を討ち、大戦果をあげた。二人の活躍もあって、前一二七年にはオルドスを匈奴から奪回し、前一二一年には河西回廊を獲得した。

前一一九年、衛青と霍去病は、山西から出撃して、ゴビを越えて北モンゴリアまで遠征し、首級・捕虜七万余りを得た。一方で、漢軍も死者数万人、軍馬一〇万を失った。両軍による激しい戦闘がゴビの北で行われたことがわかる。この遠征後、匈奴は本拠地をゴビの北へ移動させることになった。こうして第一次匈奴戦争は漢側の勝利で幕を閉じた。

敗れた匈奴は、陰山《いんざん》と祁連《きれん》を失った。『史記正義』にひく『西河故事《せいがこじ》』に「匈奴は祁連、焉《えん》支《し》の二山（甘粛省河西地域）を失った。そこで歌に、わが祁連山を失い、わが六畜をして蕃息《はんそく》せしめず。わが焉支山を失い、わが婦女をして顔色無からしむ」とあり、また『漢書』匈奴伝に「辺境の長老が言うに、匈奴は陰山を失ったあと、ここを過ぎるに未《いま》だ嘗《かつ》て泣かないことはなかった」とあるように、どちらも匈奴にとって重要な活動拠点であった。

†冊封のはじまり

周は一族や功臣を各地に封建し、諸侯を介して国をおさめた。秦の始皇帝は、諸侯を廃止して郡県を設置し、官僚を派遣して支配した。秦の滅亡後、一時的に天下をおさめた項羽は、劉

晋鮮卑帰義侯金印

内モンゴル自治区博物館蔵。『中国・内モンゴル自治区博物館蔵　チンギス・ハーンとモンゴルの至宝展』東映、2008 年、24 頁

邦らを各地の王に封建し、自身は西楚覇王として諸王に君臨した。これはそれまでの封建制への回帰である。

項羽との戦いに勝利した劉邦は、皇帝を称したが、建国の功臣と劉氏一族を各地の諸侯王として封建した。劉邦は皇帝の直轄地には郡県制を敷いたが、それ以外の各地には独立自治の王国をもつ諸侯王がいて、諸侯王と連合して漢という国を共同で統治した。これを郡国制という。

独立自治の諸侯王は、皇帝の中央集権体制の障害となるため、劉邦はしだいに王国抑制をはじめる。まず異姓諸侯王を粛清して、劉氏の諸侯王へと切り替えていった。さらに景帝のとき勢力拡大をすすめる劉氏の諸侯王に対して、皇帝の抑制策が進められた。これに対して、諸侯王は呉楚七国の乱を起こしたが、わずか三か月で鎮圧された。その結果、諸侯王の人事権は皇帝に回収され、中央から派遣された官僚が諸侯国を支配する中央集権体制が整えられた。こうして始皇帝以来の皇帝による天下の一元的支配が達成された。

中華の皇帝が周辺諸国の君主を王や公に封建して、皇帝と君臣関係を結ぶことを冊封《さくほう》という。武帝は第一次匈奴戦争で、匈奴をゴビの北に退けたあと、前一一一年、南越・西南夷を平定し、前一〇八年には朝鮮を平定した。武帝は、南越・西南夷と朝鮮を征服すると当地に郡を設置して、漢の領土に組み込んだ。その際、武帝は南越・西南夷・朝鮮の王に印綬を与えて外臣として封建し、当地の民を治めさせた。これが冊封のはじまりである。

滇王の印

中国歴史博物館蔵。稲畑耕一郎監修『図説中国文明史4　秦漢　雄偉なる文明』創元社、2005年、160頁

このとき西南夷と朝鮮に与えられた実物の印が「滇王之《てんおうの》印《いん》」と「夫租薉君《ふそわいくん》」である。「滇王之印」は、一九五六年に雲南省昆明市郊外の石寨山《せきさいざん》六号墓から出土した金印蛇鈕《だちゅう》で、日本の志《し》賀島《かのしま》で江戸時代に発見された「漢委奴國王」とおなじ蛇鈕であることで注目された。「夫租薉君」は、一九五八年に北朝鮮平壌市貞柏洞《ていはくどう》一号墓から出土した銀印駝鈕《だちゅう》である。

中国の皇帝が冊封する際に与える印の鈕《つまみ》の形状は、北方・西方には駱駝《らくだ》、東方・南方には蛇が使用された。その理由は、それぞれの地域を代表する動物だからというものだが、なぜ駱駝と蛇なのか。この問題について、阿部幸信は、「睡虎地秦簡」に秦が外国のことを「它邦《たほう》」と呼ぶ事例があることに着目し、駱駝や蛇の字に「它」が含まれていることが重要だとする。つまり它は他＝外国を暗示するものだったというのである。

†武帝の挑発

元封元年（前一一〇年）一〇月（一〇月は年始にあたる）、武帝は一八万騎を従え五原郡から長城を越えて陰山の単于台に登り、匈奴にその威信を示した。さらに単于に使者を派遣して、「南越王の首はすでに漢の北門に懸けてある。単于が戦うのであれば、天子みずから辺境で待ち受けよう。もし戦わないのであれば、すみやかに臣従せよ。どうしてただ幕北（ゴビの北）の寒地にかくれているのだ」と挑発した。単于は激怒して、使者を北海（バイカル湖）に幽閉した。単于は戦争の準備を整えつつ、使者を派遣して和親を求めた。

この年の四月、武帝は泰山《たいざん》にて封禅《ほうぜん》の儀をおこない、中華世界の統一を天に報告した。その後、渤海湾《ぼっかいわん》にそって北上し、碣石《けっせき》（河北省秦皇島市）に至り、そこから西へむかって九原から甘泉宮へもどった。このルートは、かつて始皇帝がめぐったルートと同じであり、武帝が始皇帝を意識していたことは明らかである。

†汗血馬を求めて

大月氏に派遣された張騫《ちょうけん》は、出発直後に匈奴に捕まり、一〇年にわたって抑留された。この間、匈奴で妻子をもうけた。しかし張騫は目的を忘れず、監視の目が緩んだスキに脱出して、数十日かけて大宛《だいえん》に到着した。大宛王は漢との通交を望んでいたため、張騫に通訳と道案内をつけて送り出した。張騫は康居《こうきょ》をへて大月氏にたどりついた。

このとき大月氏では、匈奴に殺された王の妻が国王となっていたと『漢書』張騫伝に書かれている。一方、『史記』大宛列伝では「太子を立てて王となす」とあり、どちらが正しいのか。『史記集解』では「夷狄もまた女主あり」という徐広《じょこう》の見解を引用している。おそらく幼い太子が王に即位し、実際には母親が政治を担っていたのであろう。

大月氏と漢の同盟は不調に終わったが、一年余り滞在する間、大夏《だいか》（アフガニスタン）にもいき、そこで邛《きょう》の竹杖と蜀の布を見て、大夏の商人にどこで入手したのか聞いた。するとその商人は身毒《しんどく》（インド）で買ったと答えた。張騫は帰国後、蜀（四川）から身毒経由で大夏にいくルートの開拓を提案し、武帝は雲南の西南夷の経略に着手する。

帰国の途についた張騫は、タリム盆地南側のルートで漢をめざしたが、再び匈奴につかまった。抑留されること一年あまりで、軍臣単于が死んだ。軍臣の弟で左谷蠡王の伊稚斜《いちしゃ》が軍臣の子で左賢王の於単《おたん》を攻め、敗れた於単は漢に亡命した。漢は於単に渉安侯《しょうあんこう》の爵位をあたえた。勝利した伊稚斜は単于に即位した。この混乱に乗じて張騫は脱出して、匈奴人の妻と出発時から付き従った匈奴人奴隷の堂邑父《どうゆうほ》と長安に戻った。匈奴人の妻との間の子はどうなったのか史書は黙して語らず。

帰国後、張騫は武帝に対して見聞した西域の地形や物産について詳細なレポートを提出した。それが『史記』大宛伝と『漢書』西域伝としてまとめられた。張騫の報告のなかで武帝の関心をひいたのは、大宛にいる天馬の子孫とされる汗血馬《かんけつば》である。武帝は大宛に使者を派遣して、

茂陵の金馬

陝西茂陵博物館蔵。『図説中国文明史４　秦漢雄偉なる文明』173頁

金品と交換で大宛の善馬を得ようとしたが、大宛王は漢とは遠く離れていて大軍を派遣することはないだろうと、善馬を愛《お》しんで与えなかったばかりか、漢の使者を殺して金品を奪った。これに激怒した武帝は、弐《じ》師将軍《ししょうぐん》の李《り》広利《こうり》を派遣して大宛を討たせた。

最初の遠征は失敗に終わった。その理由は、遠征ルート沿いのオアシス都市の協力を得られず、兵糧《ひょうろう》が続かなかったためである。武帝は小国である大宛を従わせられねば、その他の国々から笑われ、漢の威信が失墜したうえ、大宛の良馬も得られないと考え、再度李広利に大宛遠征を実行させた。李広利は遠征ルート上のオアシス都市の協力を取り付け、大宛を攻撃した。大宛の水源を決壊させて城内に水が行かないようにして、城を四〇日間包囲した。水不足に苦しんだ大宛の貴族たちは、国王を殺して降服し、良馬数十匹、中等の馬三〇〇〇匹を献上した。武帝は大宛の馬を天馬、烏孫の馬を西極馬と称し、以後も大宛の馬を求めて使者を派遣した。また苜蓿《もくしゅく》（ウマゴヤシ）も大宛から漢にもたらされた。

汗血馬はどんな品種だったのか。中国の馬は、現在のモウコウマと同じくらいの馬高一三五センチ程度のズングリ型であったことは、兵馬俑の馬や漢の馬輪出禁止令などからうかがえる。一方、汗血馬は、武帝の茂陵《もりよう》から出土した金メッキ青銅製の馬像などから、現在のサラブレッドのようにシュッとした体型であったと推測される。そこでトルクメニスタン原産のアハルテケではないかと言われている。アハルテケはスピードと持久力にすぐれ、毛色から「黄金の馬」と呼ばれている。茂陵の馬像が金メッキであることも関係があるのかもしれない。

†烏孫

匈奴をゴビの北に退けた武帝は、西域との交通路を確保した。そこで匈奴を挟撃するため今度は張騫を烏孫に派遣した。烏孫は敦煌・祁連の間に集住していたが、月氏に攻められて匈奴へうつり、匈奴の援助をえて月氏をうってアルタイに拠点をかまえた。この地にはもともと塞(サカ)がいたが、塞は月氏に討たれて南へ去ったのち、月氏がここを支配した。それを烏孫が奪った。そのため烏孫には塞と月氏の種族が混じっているという。また烏孫には多くの馬がいて、烏孫の馬を武帝は「天馬」と称した。のちに大宛の汗血馬がくると、そちらを「天馬」とし、烏孫の馬は「西極」と改称されたが、いずれも武帝の推し馬となった。

張騫は、匈奴の右臂を断つために烏孫との同盟が有効であると武帝に説き、烏孫への使者として派遣された。なお匈奴の左臂にあたる朝鮮は、前一〇八年に滅ぼされた。このとき同盟は結ばれなかったが、張騫が烏孫に行ったことを知った匈奴は、怒って烏孫を撃とうとした。そこで烏孫は恐れて漢に同盟を求めた。前一〇五年、武帝は江都《こうと》王建《おうけん》の娘の細君《さいくん》を公主として烏孫王に娶《めあわ》せた。烏孫王は細君を右夫人とし、匈奴から嫁いできた女性を左夫人とした。遊牧社会では左が上位であるから、烏孫は匈奴を優遇していたことがわかる。

細君は遊牧式の宮殿を建て、属官・宦官・侍女数百人とそこに住み、年に一、二回、烏孫王と面会して飲食をともにし、王の側近や貴人に贈り物をした。烏孫王は年老いていて、言葉も通じなかったため、細君は故郷に帰りたい気持ちを歌にした。

わが家はわれを天の一方に嫁せしめ、
遠く異国の烏孫王に託したり。
穹廬《きゅうろ》を室とし毛氈《もうせん》を牆壁《しょうへき》となし、
肉を食物とし酪《らく》を漿《しょう》となす。
居れば常に本土を思い心のうち傷《いた》む、
願わくば黄鵠《こうこく》となりて故郷に帰らん。

年老いた烏孫王は、孫の軍須靡《ぐんすび》に細君を娶せようとした。細君は皇帝に上書《じょうしょ》したが、「その国の風俗に従うように。漢は烏孫とともに匈奴を滅ぼそうとしているのだから」との返事だった。そのため孫に嫁ぐことになった。

†解憂

細君が烏孫の地で亡くなると、漢は楚《そ》王戊《おうぼ》の孫娘の解憂《かいゆう》を公主として、軍須靡に娶せた。軍須靡は臨終の際、叔父の翁帰靡《おうきび》に王位を与えたため、解憂は肥王翁帰靡に嫁ぎ、三男二女を生んだ。解憂は漢の皇帝に上書して匈奴を討つように求めた。漢はこれに応えて一五万騎を派遣し、烏孫の五万騎とともに匈奴の右谷蠡王を攻め、四万の首級と馬・牛・羊・驢馬《ろば》・駱駝《らくだ》七〇万頭を得たが、すべて烏孫がおさめた。

その後、肥王翁帰靡が亡くなると、烏孫の貴人たちは解憂の子ではなく、匈奴の妻が生んだ泥靡《でいび》を立て、狂王と号した。狂王は解憂をめとり、一男を生んだが、二人の仲は悪く、狂王は暴虐であったため、部族民の信頼を失った。そこで解憂は狂王の暗殺を謀ったが失敗し、狂王は傷を負いながらも騎乗して逃亡した。漢は中郎将《ちゅうろうしょう》の張遵《ちょうじゅん》を派遣して狂王を治療したうえで、暗殺に関与した者を捕まえて長安で処刑した。

解憂は、狂王暗殺未遂の罪には問われなかった。そののち皇帝に上書して帰国を願い出て許され、前五一年、三人の孫と長安にきて二年後に死去した（前四九年）。七〇歳を越えていたという。彼女が帰国を許されたのは、匈奴の呼韓邪単于《こかんやぜんう》が入朝したことで、烏孫と協力して匈奴に対抗するという彼女の役目は終わったからだと沢田勲はいう。なお烏孫における解憂の行動には、遊牧社会における妻や母の地位の高さが関係していることは言うまでもない。

†匈奴の衰退

漢は東方では朝鮮を滅ぼして、玄菟《げんと》・楽浪《らくろう》の二郡を設置し、西方では酒泉郡《しゅせんぐん》を設置して、匈奴と羌との交通を断ち、さらに烏孫に公主を娶せた。これにより匈奴は左右の臂を断たれた。そのうえで漢は新たに長城を築いて、匈奴の南下に備えた。

そのころ匈奴では、短命な単于がつづき、単于の子が幼いこともあって、父子相続が崩れはじめた。また漢との戦争が二〇年にわたって続いたため、匈奴では妊娠中の家畜が流産してしまった。さらに連年にわたって大雪が降って多数の家畜が死んだ。そのため単于は漢との和親を求めた。この匈奴の衰退に乗じて、北の丁零《ていれい》、東の烏桓《うがん》、西の烏孫が匈奴に侵入して、数万人を殺害し、数百万匹の馬と多数の牛羊を掠奪した。これにより匈奴は人口の三割、家畜の五割を失った。

匈奴単于の系図

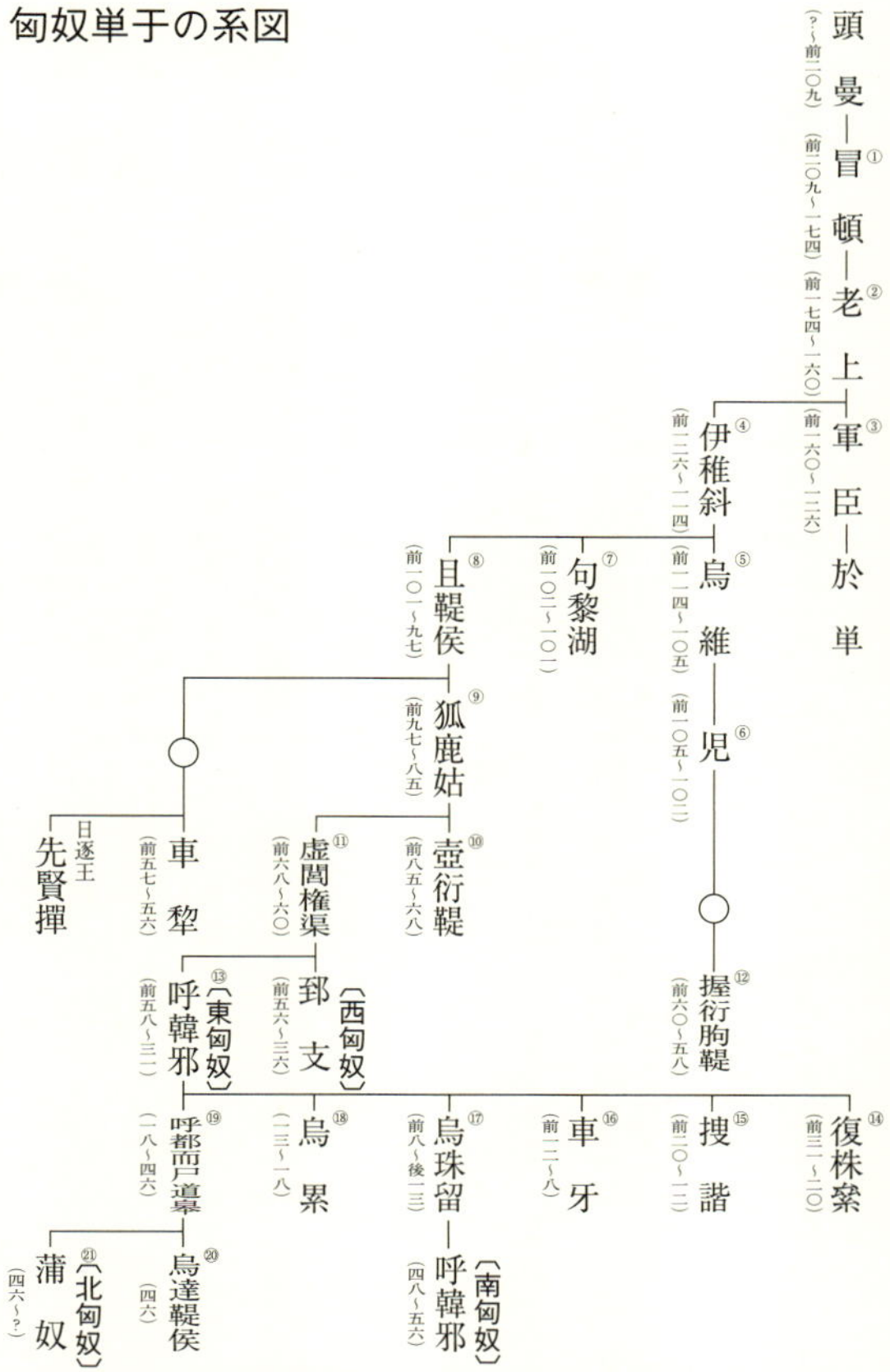

沢田勲『匈奴　古代遊牧国家の興亡』新訂版、東方書店、2015 年、141 頁に加筆修正

†単于乱立

虚閭権渠単于《きよろけんきよぜんう》が死ぬと、妻の顓渠閼氏《せんきよあつし》は弟の都奇隆《ときりゆう》と結託して右賢王を単于にたてた。これが握衍朐鞮単于《あくえんくていぜんう》である。単于になる資格を有する先代単于の子で左賢王の稽侯狦《けいこうさん》は妻の部族のある西方に逃げ、日逐王《じつちくおう》の先賢撣《せんけんたん》は漢に亡命した。日逐王が漢に降伏したことで、匈奴の西域管理をしていた僮僕都尉《どうぼくとい》が廃止され、前六〇年、漢の西域都護《さいいきとご》が置かれ、漢が西域のオアシス都市を管理することになる。

握衍朐鞮単于は暴虐で殺人を好む性格であったため人望はなく、また新たに左賢王となった息子も支配地の貴人たちから嫌われていた。前五八年、烏桓に攻められて多くの人民を奪われた東方の姑夕王《こせきおう》は、単于の叱責を恐れて東方の貴人たちと相談して稽侯狦をたてて呼韓邪単于とした。呼韓邪単于は五万の兵を率いて握衍朐鞮単于を討って敗走させた。敗れた握衍朐鞮単于は右賢王を頼ったが、断られて自殺した。

一方、握衍朐鞮単于の腹心だった都奇隆は右賢王のもとに逃れ、ともに日逐王の薄胥堂《はくしよどう》をたてて屠耆単于《ときぜんう》とし、東方の呼韓邪単于を討ち、単于庭をおさえた。しかし屠耆単于は右賢王が単于の位を狙っているというデマを信じ、右賢王を殺してしまった。あとでそれがデマであると知ると、デマを流したものを殺した。デマに関わっていた呼掲王《こけいおう》は自立して単于となった。

右奥鞬王《うおうていおう》と烏籍都尉《うせきとい》も単于となったため、五人の単于が乱立する事態になった。

†破格の好待遇

五単于の乱立は長く続かず、呼韓邪単于が単于庭をおさえて優位にたった。しかし呼韓邪単于の兄が自立して郅至単于《しつしぜんう》となって東方を支配すると、前五四年、郅至単于は呼韓邪単于を攻めて単于庭を奪った。敗れた呼韓邪単于は漢への入朝を勧める臣下の意見に従い、長城付近まで南下して息子を入質として送った。一方の郅至単于もおなじく息子を入侍させた(前五三年)。ここに匈奴は郅至単于(西匈奴)と呼韓邪単于(東匈奴)に分裂した。

前五一年正月、呼韓邪単于は甘泉宮で宣帝に拝謁した。この入朝に先立ち、漢の朝廷では、呼韓邪単于の待遇をめぐって議論がなされ、その結果、朝廷での席次は諸侯王の上とし、「臣」と称しても名前を言わなくてよいとした。夷狄の君主としては破格の待遇である。と同時に、匈奴単于に対して、中華皇帝からはじめて印綬が与えられた。その印は「匈奴単于璽」で、皇帝・皇后と同格の璽であるが、材質は玉《ぎょく》ではなく金であった。また綬《ひも》は緑色で鈕《つまみ》は駝(らくだ)だったとされる。匈奴が夷狄のなかでも特別な扱いを受けたことがわかる。

呼韓邪単于が前漢に入朝して以降、単于の称号に「若鞮《じゃくてい》」という言葉が入れられるようになった。これは漢の皇帝の諡《おくりな》に必ず「孝」の字をつけることにならったもので、「若鞮」とは

「孝」を意味する匈奴語である。

†王昭君の降嫁

前三三年、呼韓邪単于は三回目の入朝をした。その際、「帝室の壻《むこ》となって、漢の親戚となりたい」と申し出た。元帝は後宮の宮姫王牆《おうしょう》（檣）字《あざな》は昭君を単于に賜った。なお『後漢書』南匈奴伝には「宮女五人を単于に与えた。昭君は後宮に入って数年、皇帝の寵愛を受けず、悲しみと怨みを積もらせていた。そこで掖庭令《えきていれい》（後宮長官）に匈奴行きを願い出た」とあり、自ら志願したことになっている。なお、王昭君の後宮における地位は「待詔掖庭《たいしょうえきてい》」、つまり後宮に入ったあと皇帝のお声がかかるのを待っている状態で、后妃としての地位には就いていない。また宮女は、一般的には下働きの女官を指す。『後漢書』は王昭君を宮女としているが、彼女は女官ではないだろう。冒頓単于から軍臣単于までは、宗室諸侯王の娘が公主として単于に嫁いでいたが、ここに至って後宮の宮姫が「公主」として嫁ぐことになった。しかも匈奴側からの申し出による降嫁である。匈奴と漢の立場が逆転した瞬間である。

王昭君と言えば、中国四代美女（春秋の西施《せいし》、後漢の貂蟬《ちょうせん》、唐の楊貴妃）のひとり、夷狄に嫁いだ悲劇の女性として有名である。しかし実際の王昭君は、寧胡《ねいこ》閼氏《あつし》（国を安寧にする妃）と呼ばれ、男子の伊屠智牙師《いとちがし》を生み、その子は右日逐王となった。呼韓邪単于が死ぬとレビレートでつぎの復珠累若鞮単于《ふくじゅるいじゃくていぜんう》に嫁いで二人の娘を生み、娘たちはそれぞれ匈奴の貴人に嫁いでいる。悲劇の女性としての王昭君は、後漢の蔡邕《さいよう》が書いた『琴操《きんそう》』にはじまり、その後、東晋の葛洪《かっこう》『西京雑記《せいきょうざつき》』をへて、元の馬致遠《ばちえん》『漢宮秋《かんきゅうしゅう》』で確立する。しかし現代の中国では悲劇の女性ではない。王昭君は漢民族と匈奴とをつないだ民族英雄とされている。王昭君は政治に翻弄された悲劇の女性と言えよう。

3　新たな匈奴像

†土城

これまで匈奴の研究は、『史記』匈奴列伝と『漢書』匈奴伝などの文献史料を中心に進められてきた。しかし近年、モンゴル国における考古学的発見があいつぎ、さらにゲノム解析や同位体分析、乳プロテイン分析といった理化学分野との連携によって、新たな匈奴の姿がみえてきた。その事例をいくつか紹介しよう。

『史記』匈奴列伝には「水と草を求めて移動し、城郭・定住地・農地はない」と書かれている。これに対して、モンゴル国内を中心に、匈奴時代（前三世紀中頃から後二世紀中頃）の土城《どじょう》と集

匈奴の土城と大型方形墓の遺跡地図

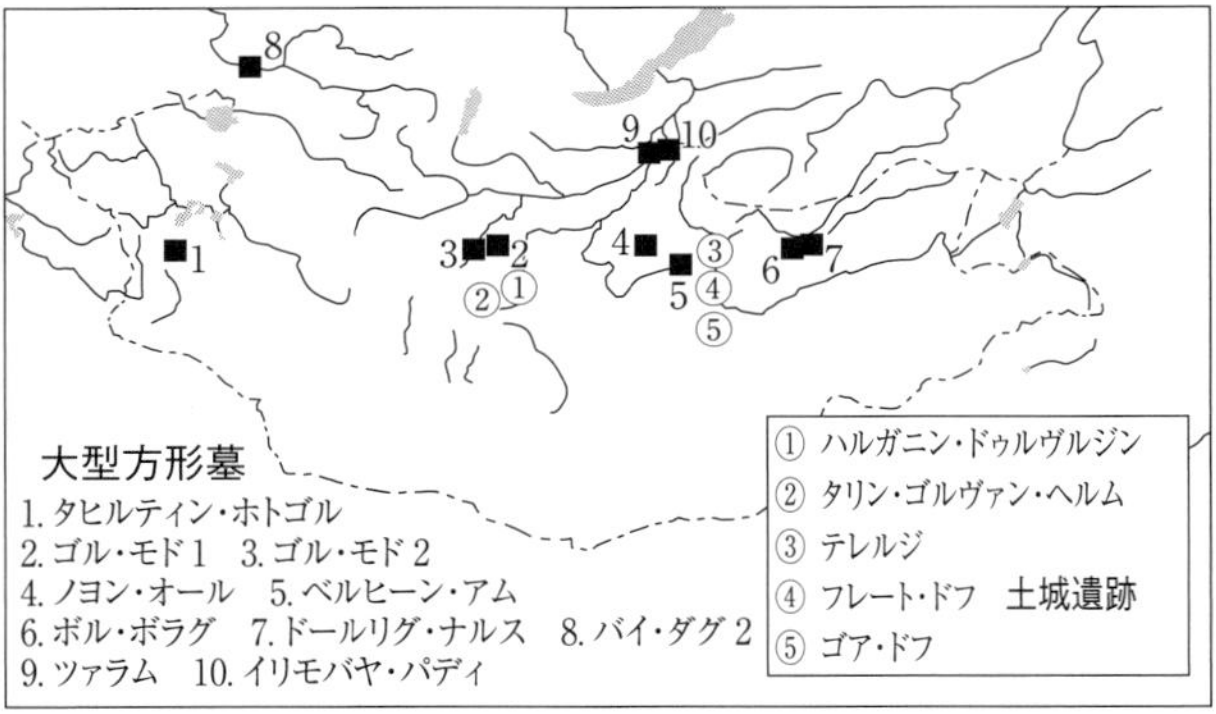

白石典之『モンゴル考古学概説』同成社、2022年、84頁に加筆作成

落の遺跡が多数見つかっている。

一辺一〇〇メートル以上の土壁で囲まれた施設を土城（モンゴル語ではドゥルヴルジン）という。モンゴル国内では、ヘルレン川流域に九か所、オルホン川流域に五か所の土城遺跡が見つかっている。ヘルレン川流域の土城は、上流部の奥まった山裾にあるテレルジ遺跡から、およそ三〇キロ間隔で、川沿いの開けた場所に五基が築かれている。中央に位置するフレート・ドフは一辺四〇〇メートルを超え、五つの土城のなかで最大の規模をほこる。最南端にあるゴア・ドフは回廊に囲まれた大型建築で、人工の池がつくられていた。この場所は夏は涼しいが、冬は寒くて風が強いため、夏のみ使用されたと考えられる。

モンゴル考古アカデミーのエレグゼンは、ヘルレン川流域の五基の土城を匈奴貴族の季節宮殿と考えている。冬は上流部のテレルジで過ごし、春になると南下して、夏はゴア・ドヴで過ごす。秋になると北上して、冬にテルルジにもどる。中央のフレート・ドフの周辺には生産遺跡もあることから、モンゴル帝国における首都カラコルムのような機能を果たしたとする。

またフレート・ドフの北一五キロにあるホスティング・ボラグ遺跡からは、瓦窯と製鉄炉が発見されている。近くには鉱山があり、そこから鉄鉱石を採取して鉄を精錬していた。精錬された鉄は別の場所で加工されたようである。この製鉄技術は西アジアから伝わったものであるという。さらにここで作られた瓦と塼《せん》(レンガ)は、テレルジ遺跡で発見されたものと同じであることが判明している。

オルホン川流域の土城としては、「天子単于」の軒丸瓦が発見されたハルガニン・ドゥルヴルジンが龍城の遺跡として注目されている。龍城とは『漢書』匈奴伝に「五月、龍城に大会し、先祖・天地・鬼神を祭る」とあり、五月に諸部族を集めて祭祀を行う場所を指す。五月は旧暦の仲夏、現在の感覚では六月半ばから七月はじめにあたり、遊牧民が夏営地に移動したあと、諸部族が単于のいる夏営地に集まり祭祀をする。また国事を議論したり、馬や駱駝を走らせて楽しむ。『漢書』では龍城と書いているが、『史記』では蘢城《ろうじょう》と草冠がついている。蘢《ろう》の字は、イヌタデという植物、または草が茂るという意味で、蘢城とは草がしげる城。その草冠がとれて龍城と書かれたことから、匈奴では龍を祭る風習があるといった誤解が生まれた。現在でもハルガニン・ドゥルヴルジンを龍城（ドラゴン・シティ）と呼んでいるが、これは誤りである。ハルガニン・ドゥルヴルジンにも人工の池がつくられているが、池に水が溜まるのは六月から七月の降雨が多い時期で、このことからこの場所は夏営地にいるときに使用されたことがわかる。青々とした草に覆われていたから司馬遷は蘢城と表現したのである。

二〇二三年八月、ハルガニン・ドゥルヴルジンの西北四キロのハルヒラ川の河岸段丘から匈奴時代の窯跡が発見され、その窯跡から「天子単于」軒丸瓦の一部が出土した。この発見によって、ハルガニン・ドゥルヴルジンの軒丸瓦が、この窯で生産されたことが確かめられた。その発見の場に居合わせたことは望外の喜びである。

なお土城の設計には漢の尺度が使用されており、土城に使用された軒丸瓦などにも中国の影響が見られる。漢から匈奴へいった人々のなかには、中行説のような知識人が含まれており、彼らが漢の制度を匈奴に伝えたのであろう。一方で、瓦や土器の生産に関わった人々は、漢の北辺から拉致された人民であったと思われる。「天子単于」や「主壽忠臣」などの匈奴時代の文字瓦には、一部の文字が反転しているものがある。漢字を知っている知識人が文言の選定に関与していることは疑いないが、瓦製作者は文字の反転に気づいていないことから、製作者は漢字を知らない漢人または匈奴人だった可能性が高い。

†匈奴の農業

匈奴で農業が行われていたことを推測させる内容が、文献史料にもわずかではあるが見られる。『漢書』匈奴伝に、匈奴に投降して優遇された弐師将軍の李広利が、ライバルの衛律によって生贄として殺されたあと、「数か月にわたって雪が降り、人民は疫病となり、穀物が実らなかった。そこで単于は彼のために祠を建てた」という話がのっている。そこに唐の顔師古《がんしこ》は注をつけ「北方は早く寒くなるので、農業には向かないが、匈奴でも黍穄《しょさい》（キビ）を植える」として、匈奴でも農業が行われたことを示唆している。

では農業に従事したのはだれか。ロシアで発見されたイヴォルガ遺跡は、四重の土塁に囲まれ、八〇棟あまりの竪穴住居が築かれている。半地下式の住居には竈《かまど》からの排煙を巡らせた暖房施設があり、年間を通じて居住したことがわかる。またキビやムギ、農具なども発見されていることから、農業をしていたことが明らかとなった。さらに動物骨には、馬・牛・羊のほかに犬とブタが含まれていた。遊牧民はブタを飼育しないため、この集落の居住者は漢から連れてこられた農民であると考えられる。

またモンゴル国内のセレンゲ川の支流エグ川流域では、広範囲にわたって集落や墓地がおよそ六〇か所見つかっている。エグ川本流の河岸段丘に築かれた大規模居住地は、遊牧民の夏営地と思われるが、この場所から炭化した小麦・大麦のほか、開墾地に生えるシロザ・アブラナ・タデが見つかっている。このことから遊牧民が夏営地で開墾して麦類を栽培していた可能性が浮上してきた。麦類は二年生植物なので、夏営地を開墾して種をまき、寒い時期をこえて翌年に収穫していたと思われる。

匈奴は冒頓単于のとき南北モンゴリアを支配下におき、南の漢と敵国すなわち対等の国となった。匈奴と漢は和親を結び、漢の「公主」が単于に嫁いだ。漢との関係が深まることで、匈奴に中華の文化が伝えられた。匈奴は、遊牧民の屠各部が、その他の遊牧民・農耕民・オアシス商業民を支配する体制であり、匈奴民族というものがあるわけではない。匈奴墓の人骨のゲノム分析からも、西ユーラシア人と東ユーラシア人がいたことがわかっている。

前二世紀の東アジアは、匈奴優勢の時代であったが、前一世紀後半、匈奴の分裂により、中華と夷狄の関係は新たな局面をむかえる。

第五章

夷狄を内包する中華世界

一世紀なかごろ、匈奴が南北に分裂して、南匈奴は後漢国内に移住し、モンゴル高原にのこった北匈奴は後漢に討たれて西へ移動した。

匈奴が去ったモンゴル高原には、遼東から台頭してきた鮮卑の支配が一時的に及ぶが、その後しばらく遊牧国家はあらわれない。一方、中華世界でも、前漢・新・後漢と王朝が交替する。

本章では、分裂した匈奴と新たに出現する烏桓・鮮卑が中華王朝とどのように関わっていくのかをみていく。

1 匈奴の臣従

†匈奴は別格

前漢末、呼《こ》韓《かん》邪《や》単于《ぜんう》が冊封をうけて以降、匈奴は漢に臣従する立場となった。そのことを象徴する出来事が前五年におきた。烏孫《うそん》が匈奴に侵入し、牛などの家畜を掠奪したことに対し、単于は五〇〇〇騎を派遣して数百人を殺し、一〇〇〇人余りを捕らえ、牛などの家畜を取り戻した。烏孫は恐れて息子を人質として単于に差し出した。単于はそのことを漢の哀帝に報告すると、哀帝は使者を派遣して単于を責めたうえで、烏孫に人質を返すように申しつけ、単于はそれに従った。遊牧世界でのもめ事に漢の皇帝が介入して裁定したのである。

ただ漢のほうでも匈奴はほかの夷狄とは違う待遇とした。入朝を希望する単于に哀帝は病を理由に拒否しようとしたが、黄門郎の揚雄《ようゆう》は「北狄（匈奴）だけは真に中国の強敵です。東西南の三方の夷狄と比べて格別な違いがあります。かつては匈奴を重んじること甚だしかったけれども、いまも軽んじることはできません」と諫め、哀帝は入朝を許した。

単于が入朝する際、匈奴の王たち二〇〇名までの随行が許されていた。それを今回の入朝にあわせて五〇〇名まで増やすことが認められた。随行者の増員は、それだけ漢からの下賜品の増加につながるが、漢は天子の威徳を広めるものとして許可した。

†王莽の華夷混一

このころ幼い平帝を補佐して政治を動かしていたのは、太皇太后の王氏（元帝の皇后）と外戚の王莽《おうもう》である。王莽は太皇太后の徳が広く夷狄にも及んでいることを示すために、単于に王昭君の娘の須卜居次《すぼくきょじ》（名は云《うん》）を入侍させるよう指示した。彼女が来ると太皇太后は厚遇し、多くの下賜品を与えた。

また王莽は、『春秋公羊伝』に「二名は非礼」とあるのを根拠に、名前に二字を用いてはならないとしたが、これを匈奴にも適用しようとした。王莽の意向を察した単于は「幸いにして藩臣に加わることができ、臣はひそかに漢の天子の太平の制度を楽しんでおります。臣のもとの名は囊知牙斯《のうちがし》ですが、いま名を知と改めます」と上書した。単于が中華の制度に従うことで、中華の徳を慕う夷狄を演出すると同時に、執政者である王莽自身の徳の高さをも示そうとした。

この時期の王莽は、『春秋穀梁伝』が説く「華夷混一」の世界観にもとづき、夷狄が中華の徳を慕い、中華も夷狄も一体となる世界を構想していた。

†四条の規定

前漢の西域支配に対して、車師後王《しゃしこうおう》と去胡来王《きょこらいおう》が妻子と人民を連れて匈奴に逃げ込む事件が起きた。匈奴はこれら人民を受け入れたことを漢に報告したが、これに対して漢は、「西域諸国は漢に服属しているのだから、匈奴は受け入れてはいけない。速やかに返還すべし」と通知した。単于は「宣帝と元帝は匈奴をあわれんで、長城より南は天子がこれを領有し、長城より北は単于が領有することとした。長城を不法に越える者がいた場合、状況を報告し、降る者がいても受け入れてはいけないと定めた。しかし今回は外国のことゆえ、受け入れてもよい」と答えた。しかし漢は「匈奴が骨肉の争いで国が滅びかかっていたとき、中国の大恩によって滅びずに済んだのだ。その恩に報いるべきではないか」と脅し、単于は地面に頭をつけて謝罪したうえで、亡命者を漢に引き渡した。

そこで漢は「中国人で匈奴に逃げた者。烏孫から匈奴に逃亡した者。西域諸国で中国の印綬を受けた国から匈奴に逃亡した者。烏桓から匈奴に逃亡した者。これらすべて受け入れてはならない」という四条の規定を定め、単于に遵守を命じた。さらに烏桓に対しても、この規定をもとに、これまで匈奴に納めていた皮布（獣皮）税を今後は一切納めてはならないと通知した。そうとは知らない匈奴の使者は、これまで通り徴税のため烏桓にやってきた。

烏桓は漢の天子の詔勅を盾に納税を拒否し、それに怒った匈奴の使者は、烏桓の部族長らを逆さ吊りにした。部族長の兄弟らは、匈奴の使者と随行の官吏を殺害し、交易にきていた匈奴の婦女と家畜を奪った。

これを聞いた単于は左賢王を派遣して烏桓を討ち、烏桓の婦女・少年一〇〇〇人余りを連れ去り、返して欲しければ家畜・皮布を持ってこいと要求した。連行された人たちの親族二〇〇〇人は、財産・家畜をもっていったが、匈奴は財産・家畜を奪って、人質は返さなかった。この匈奴と烏桓の紛争にも漢が介入することになるが、それはあとで触れる。

†夷狄を従える

八年、禅譲をうけて皇帝に即位した王莽は、匈奴に使者を派遣して、黄金や絹布を単于に送り、漢から新への王朝交替を告げた。そこで漢が匈奴に与えた「匈奴単于璽」と書かれた印を返還させて、王莽の「新匈奴単于章」と書かれた印を与えようとした。単于が漢の印を返そうとすると、単于の臣下が、新しい印の文面を確認してからにすべきと反対した。しかし単于は文面が変更されているはずはないと、漢の印を返却して新しい印を受け取った。翌日、印面を確認した単于は、右骨都侯を遣わして王莽の使者にいった。

漢から単于に賜った印は「璽」とあって「章」ではなかった。また「漢」の字もなかった。匈奴の諸王以下の印には「漢」の字があり「章」といった。このたびの印は「璽」の字が除かれ「新」の字が加えられている。これは匈奴の諸王と同じではないか。もとの印を返してもらいたい。

対して王莽の使者は「新は天命に順って印の制度をつくった。もとの印は我らが破壊した。単于は天命に従い、新の制度を奉ずべきである」と右骨都侯に答えた。右骨都侯からそのことを聞いた単于は、ここで争っても仕方ないと、弟の右賢王を返礼の使者として派遣して、もとの印を再度賜るよう王莽に上書した。

前漢の武帝は、皇帝のもとすべてを包摂する「天下一家」をめざし、国内の諸侯ばかりでなく、周辺にいる匈奴・朝鮮・南越・西南夷などの諸国を取り込もうとした。しかし周辺諸国を皇帝のもとに臣従させるのは現実的に難しい。そこで宣帝以降、国内には「皇帝璽」を使用して諸侯や官僚を封建する一方で、周辺諸国の首長には、天から信任を受けて土地と人民を支配する天子として「天子璽」を使用して封建した。これにより周辺諸国は、自国を維持したまま、漢の天子のもと結ばれることとなった。そのために周辺諸国を冊封する際、「漢」という文字が入ることとなった。「漢委奴國王」のケースがそれにあたる。ただし匈奴は例外で、「漢」と対等の「匈奴」として位置付けられた。

しかし皇帝となった王莽は、「天に二日なく、土に二王なし」として、国内の諸侯王は公とし、四夷の王も侯とした。王莽は、中華の皇帝が天子として周辺諸国をも従えると考え、それまで皇帝と同等の地位であった匈奴に対して、漢が与えた「匈奴単于璽」の印を取り上げ、「新匈奴単于章」の印を与えることで、匈奴は新の天子のもとに従属するとした。

さらに夷狄は中華の下にあるべきとして、一〇年「匈奴単于」を「降奴服于」と改め、呼韓邪単于の子孫一五人を単于として立てて匈奴を分割しようとした。匈奴の君主号であった単于を、各地の王と同程度の称号まで格下げしたが、この発想は魏晋時代に烏桓・鮮卑・夫余などの周辺諸部族に単于を与えたことに通じる。

一五年には、単于が人質として差し出した息子を送り返すと同時に、単于に多額の財宝を送ったうえで、匈奴を「恭奴」、単于を「善于」と改めるように諭し、新たな印綬を授けた。王莽のいやがらせは、匈奴にとどまらず、西南夷・西域の王はみな侯に格下げ、高句麗は「下句麗」と改名させられた。こうした王莽の対外政策は周辺諸国の強烈な反発を招き、匈奴や高句麗は連年のように侵入を繰り返した。さらに国内でも赤眉《せきび》の乱《らん》をはじめとする反王莽と劉氏復興の動きがおこり、王莽は殺されて新は一五年で滅んだ。

†王莽の容貌

『漢書』王莽伝中に、王莽の容貌について、「生まれつき口が大きくて顎《あご》が短く、出目で瞳が赤く、大声でわめいた。身長七尺五寸（約一七〇センチ）で厚底靴と高い冠を好み、羊毛の衣装を着て、胸をそらして高所を見、遠くを見る目で左右の者を見た」と書かれている。さらに王莽の側近の証言として「フクロウの目、虎の口、狼のような声」とある。そういえば始皇帝も「鼻が高く切れ長の目、クマタカのように突き出した胸、犲《やまいぬ》のような声、虎狼のように残忍」と『史記』秦始皇本紀に書かれている。暴君に共通する要素が満載である。

一方、『漢書』王莽伝の賛《さん》に「紫色鼃聲、餘分閏位」という班固のコメントが書かれている。この意味は、色で言えば端色の紫、声で言えば音階をはずれた邪音。数で言えば正数ではない余分、位階で言えば正統ではない偽の位。つまり王莽は偽の皇帝であったということを表現したものである。ところが『顔氏家訓』書証には、この意味を当時史学で高名な人（北斉の魏収(ぎしゅう?)が間違えて解釈し、もっともらしく吹聴した話が出てくる。そのお方いわく、「王莽はフクロウのような目、虎のような口と言われていますが、それだけではなく、顔は紫色で、声は蛙そっくりだったんですよ」と。漢文の誤読はこわい。

王莽は国家イデオロギーとして儒教を全面的に採用した。そのやり方は狂信的で急進的であったため、現実社会との矛盾をきたし破綻した。しかしかれの目指した方向性は、つぎの後漢でも継承され、ついには最後の王朝の清までつづく、中華王朝のイデオロギーとなった。後漢の班固は前漢の歴史を『漢書』としてまとめたが、前漢を滅ぼした王莽について、『漢書』の末尾に上中下と三巻をつかって書いている。このことからも班固がいかに王莽を重視していたのかわかる。始皇帝も王莽も煬帝も、暴君として史書には描かれるが、中国史に果たした役割は非常に大きいものがある。

†匈奴の中興

中華の天子がおさめる天下には、夷狄も含まれるとする『周礼』の世界観にもとづき、周辺諸国に臨んだ王莽は、強烈な反発をうけて失敗した。しかしこの『周礼』のもつ世界観は、夷狄出身者が中華世界に君臨できる根拠にもなった。そのため魏晋南北朝時代に夷狄出身者が『周礼』を根拠とした国家づくりを進める。また中華世界が周辺の夷狄にも及ぶという世界観は、現在の中国の対外進出を支えるものでもある。

王莽の対外政策に反発した周辺諸国は、匈奴の支配下に入った。なかでも西域諸国の服属は、匈奴の経済を潤すこととなった。二三年、王莽が殺されると、呼都而尸《ことじし》道皐若鞮単于《どうこうじゃくていぜんう》（名前は輿《よ》）は、中国北辺における群雄の勢力争いに積極的に介入し、オルドスにいた盧芳《ろほう》を援助した。安定《あんてい》出身（寧夏回族自治区中南部）の盧芳は、前漢の武帝と匈奴の谷蠡渾邪王の姉の子孫という出自を騙《かた》って安定郡の人々を惑わしたという。

安定郡には三水属国という行政区がある。属国とは、服属した異民族を統治する行政区として漢が設置したもので、安定郡には羌《きょう》・匈奴が住んでいた。新の末年、劉氏復興の流れにのった盧芳は、三水属国の羌・匈奴と結んで挙兵したが、安定に住む漢人と羌・匈奴を引き入れるために先の出自を利用したのであろう。

二三年、王莽なきあと長安に入った更始帝《こうしてい》は、盧芳を騎都尉に任命して、安定郡以西を統治させた。二四年、更始帝は単于に漢の旧印綬を与えた。このとき単于は漢の使者に対し、「王莽が倒れて漢が復興できたのは匈奴のおかげであるから、漢は匈奴をまた尊ぶべし」と伝えた。冒頓単于の時代が戻ってきたかのような物言いである。

二五年、更始帝が赤眉軍に敗れると、三水の豪族たちは協議して、盧芳を上将軍・西平王とし、使者を派遣して羌・匈奴と同盟を結んだ。このとき単于は、数千騎を派遣して盧芳とその兄弟を迎え、盧芳を漢の皇帝とした。二九年、盧芳は九原に都をおき、五原・朔方・雲中・定襄・雁門の五郡に官僚をおいて、匈奴とともに後漢の北辺を荒らした。盧芳と匈奴の侵略に悩まされた光武帝は、匈奴に使者を派遣して和親を結んだが、侵攻がやむことはなかった。

盧芳はその後も匈奴・烏桓とともに侵攻を繰り返した。光武帝は討伐の軍を出すが勝てず、国境の代郡から平城までの三〇〇里にわたって砦や烽火台を設置して防備した。こうした天下騒乱のなかにあって河西（甘粛）だけは平穏無事で、姑臧《こぞう》（武威）は富邑と称され、羌や匈奴と一日に四回の交易が行われた。

匈奴の重税に苦しめられていた西域の莎車王《さしゃおう》と鄯善王《ぜんぜんおう》が、光武帝に朝貢して西域都護の復活を求めた。このとき光武帝は、国内を平定したばかりであることを理由にその要求を却下した。西域都護が復置されるのは七四年、明帝のときである。三九年、光武帝は大規模な長城修復を行い、匈奴に備えた。この年、盧芳は後漢に降伏し、代王に封じられたが、入朝の願いがなかなか聞き入れられないことに不安を抱き、妻子を連れて再び匈奴へ逃亡した。その後、匈奴で一〇年余り過ごしたのちに病死した。

王莽の末年、各地で反王莽の動きがおこり、そのなかで更始帝劉玄《りゅうげん》、赤眉軍の立てた劉盆子《りゅうぼんし》、南陽豪族の光武帝劉秀《りゅうしゅう》があいついで皇帝となった。そのなかで最終的に勝利をつかんだのが劉秀である。劉秀は二五年に皇帝に即位したが、各地の軍閥を打倒して天下統一を果たしたのは三九年のことであった。

中華世界が混乱を極めるなか、草原世界では、匈奴が再び力を取り戻し、中国国内に盧芳という傀儡政権を樹立した。呼都而尸道皐若鞮《ことじしどうこうじゃくてい》単于の在位は二八年におよんだ。それは冒頓単于の三五年、軍臣単于の三四年につぐ三番目の長さをもち、父の呼韓邪単于の二七年と並ぶものである。そのため彼は、みずからを冒頓単于の再来と位置づけ、建国直後の後漢に対して高圧的な態度でのぞんだ。しかし、匈奴の中興はつづかず、彼の死後、再び分裂をむかえるのである。

†匈奴の大型方形墓

現在モンゴル国内で一〇基の大型方形墓が発見されている。大型方形墓は、方形の主体部に舌状の墓道が付随していて、二つをあわせた大きさは、小さいものでも一〇メートル、最大のものは七六メートルある。主体部は階段状に掘り下げていて、大きいものでは深さ二〇メートルにもなる。

大型方形墓の分布をみると、北モンゴリアに集中していて、しかも大きく東部・中部・西部に分けられる。匈奴は国家を三分割していたので、それぞれの方形墓が左賢王・単于・右賢王のいずれかの墓である可能性がある。しかも最大級の方形墓であるゴル・モド2遺跡1号墓は中央部にあることから、単于の墓の可能性がある。この墓に埋葬されたのは三五～四五歳の男性で、父方は西ユーラシア人、母方は東ユーラシア人であることがゲノム解析で判明している。一方、東部のドールリグ・ナルス遺跡2号墓の埋葬者は三〇～四〇歳男性で、父方・母方ともに東ユーラシア人であった。左賢王は単于の一族なので、ゴル・モド2遺跡1号墓が単于の墓であった場合、この墓は左賢王のものではないことになるが、東部の有力者の墓であることは疑いない。

大型方形墓の建造時期を推定できるものが、いくつか発見されている。例えば、副葬品のなかに「永始元年（前一六年）」（ゴル・モド1遺跡20号墓）、「建平五年（前二年）」（ノョン・オール遺跡6号墓）と記された漆器がある。ほかにも中国式の鏡、人骨の炭素14年代測定などがある。これらの結果を総合すると、大型方形墓の建造時期は、前漢末から後漢初期となる。さらに墓の建造には漢尺が用いられていること、墓の入口を南側につくるなど、漢代の墓の構造とおなじであることからも、漢の影響を強く受けていたことがわかる。一方、副葬品には、ローマンガラスの器やヘレニズム様式のタペストリーなど、西方との交易で入手したと思われる品々も含まれている。

大型方形墓の建造時期が、前漢末から後漢初期であることから、王莽との関係を考慮する必要があろう。実際、ノョン・オール6号墓から出土した絹には「新神霊廣成壽萬年」と漢字が刺繡されており、江上波夫は、これを王莽が始建国元年（九年）、匈奴に五威将軍を派遣して、「新」の建国を知らせ、ときの烏珠留若鞮単于に贈与したものとしている。くわえて、匈奴を中興した呼都而尸道皋若鞮単于（一八〜四六年）のとき、西域支配を回復していることから、副葬品にみられる東西の要素は十分に満たすことができる。大型方形墓は、東匈奴の時期に建造された可能性が高い。

2　後漢と南匈奴

†莫大な下賜品

呼韓邪単于には一五人の男子がいたが、そのうち後継者として有力視されたのが、顓渠閼氏《せんきょあつし》の生んだ且莫車《しょばくしゃ》である。しかし且莫車は幼かったため、顓渠閼氏の妹で大閼氏《だいあつし》の子の雕陶莫皋《ちょうとうばつこう》が選ばれた。顓渠閼氏と大閼氏はともに呼衍氏《こえんし》から嫁いだ姉妹で、本来であれば姉の子である且莫車が即位するはずだったが、年齢が幼いことから、同じ呼衍氏の姉妹の子のなかで最年長の雕陶莫皋が選ばれた。遊牧国家における君主選出は能力が優先される。苛酷な生活を送る遊牧民にとってリーダーは、勇敢な戦士であること、争いを調停できること、カリスマ性を備えていることが求められる。そこに母親の出自も加味される。今回の場合は、呼衍氏という名家から嫁いだ姉の子が血筋から言えば貴であった。しかし年齢的に幼いことから、その他の能力で劣ると判断された。

このあと呼韓邪単于の遺言により、兄弟順（年齢順）で即位することが定められ、その定めに従って即位した。しかし七番目の輿《よ》（呼都而尸道皐若鞮単于）が即位すると、次の単于となるはずの八番目の伊屠知牙師《いとちがし》（王昭君の子）を殺害して、自分の子である烏達鞮侯《うたつていこう》、ついで蒲《ほ》奴《ど》に継がせた。

これに不満をもった日逐王《じつちくおう》の比《ひ》は、蒲奴単于に従わず、他の部族長たちに推戴されて四八年、即位して呼韓邪単于と称した。彼の祖父の単于号である呼韓邪を称することで、漢の援助を得ようとしたのである。これによって、匈奴は蒲奴単于（北匈奴・北単于）と呼韓邪単于（南匈奴・南単于）に分裂した。

五〇年、光武帝は、南単于の王庭を五原塞の西八〇里のところに立てさせ、そこで後漢の使者と対面させた。その際、漢の使者に「単于は拝伏して漢の天子の詔を受けるべき」と言われた単于は、使者に対して拝伏して臣と称して詔を受けた。その後、通訳を介して「新たに即位したばかりなのに左右の臣下に対して面目が立たない。どうか民衆の前で屈辱的な礼をさせないでいただきたい」と伝え、それを聞いていた骨都侯たちもみな涙をこぼした（『後漢書』南匈奴伝)。

かつての栄光の日々は消え失せ、漢に臣従することになったのである。この年の秋、南単于は息子を入質させた。後漢は南単于に黄金の印璽と緑綬のほか、冠帯・衣装・車・楽器・絹・日用品を下賜した。さらに米二万五〇〇〇斛、牛羊三万六〇〇〇頭を供給した。

これ以降、南単于は年末に使者を派遣して上奏文を奉り、新たに入質する単于の子を使匈奴中郎将の部下が随行して首都洛陽に送り届けた。一方、漢は謁者を派遣して先に入質していた子を単于庭に送り返し、途中で出会って交換させた。年末に入朝した南単于の使者は、元旦の朝賀に参列したあと、漢の皇帝陵と太廟《たいびょう》を拝礼して単于庭に戻るが、帰国する際に、綵繒《そうさい》一〇〇〇匹・錦四端・金一〇斤・天子用の醬《みそ》・橙・橘・龍眼・荔支《れいし》をもらった。さらに単于の母・閼氏・子供・左右賢王らにも綵繒合計一万匹が与えられた。漢は匈奴に対して毎年莫大な下賜品を与えて飼い殺しにした。

後漢に服属した当初の南匈奴の人口は、四〜五万人程度だったと考えられている。その後、北匈奴からの投降がたびたびあって、八七年には二〇万人が投降した結果、九〇年の時点で南匈奴の人口は二三万人、軍勢五万人となった。南匈奴はオルドスの西河郡美稷《せいがぐんびしょく》に単于庭を置き、内蒙古南部、山西省北部、河北省北部の八郡、すなわち雲中［呼衍骨都侯］・五原［当于骨都侯］・朔方［右賢王］・北地［韓氏骨都侯］・定襄［郎氏骨都侯］・雁門［左南将軍］・上谷［左賢王?」・代［栗籍骨都侯］に分散居住し、左右賢王や骨都侯が各地の部族をおさめた。また後漢は使匈奴中郎将を単于庭に派遣して匈奴の動向を監視した。その他、護《ご》烏《う》桓校尉《かんこうい》や護羌校尉《ごきょうこうい》を設置し、匈奴・烏桓・羌といった異民族を統治した。なお南匈奴が居住した地域は農牧境界地帯にあたる。

南単于が交替するたび後漢は璽《じ》綬《じゅ》を送り、冠幘《かんさく》・絳単衣《こうたんい》・童子用の刀・緄帯《こんたい》をワンセットおくり、あわせて繒綵四〇〇〇匹を賜り、諸王・骨都侯以下に賞賜させた。南単于から配下の諸王・骨都侯に下賜品を分与させることで、南匈奴全体を後漢がコントロールするのであるが、その費用は毎年一億九〇〇〇万銭、さらに西域にも七四八〇万銭があてられた（『後漢書』袁安伝）。南匈奴は居ながらにして、毎年多額の下賜品をうけとり、また漢人の商人とも自由に交易したことから、多くの中国の物資が流れ込み、中華文明に接する機会も多かった。そのような背景から、五胡十六国時代に劉淵《りゅうえん》のような人物が登場したことは、おさえておかなければならない。

†夷を以て夷を制す

匈奴が中興したころ、鮮卑と烏桓が匈奴とともに長城を越えて侵攻し、辺境を荒らした。後漢は辺境の各郡に数千人の兵士を増員し、将軍を派遣して駐屯させた。四一年、遼東太守となった祭肜《さいゆう》は、侵入してきた鮮卑一万騎を数千人で撃退し、斬首三千余、馬一〇〇〇匹の戦果をあげた。さらに祭肜は、鮮卑のリーダー偏何《へんか》に服属を促した結果、偏何に属する満離《まんり》と高句驪《こうくり》が貂裘《てんきゆう》と良馬を献上してきた。光武帝がさらに倍の賞賜を与えると、偏何に属する部族長たちはこぞって後漢への服属を願った。そこで祭肜が「功を立てたければ、匈奴を討ちその首を持参せよ、さすれば信じよう」と告げると、偏何らは天を仰ぎ胸を指して「必ずわが身を捧げよう」と言って、匈奴の左部を討って斬首二千余級をあげ、祭肜に届けた。その後も毎年のように匈奴を攻撃して首級を送って賞賜を受けた。

これにより北匈奴は弱体化し、辺境に侵攻することもなくなり、鮮卑と烏桓が朝貢するようになった。さらに五八年、偏何が赤山烏桓のリーダーの首を祭肜に届けると、祭肜の威名は北方に轟き、「西は武威《ぶい》から東は玄菟《げんと》・楽浪《らくろう》まで、胡夷は来りて内附し、野に風塵《ふうじん》なし」という状況になった。後漢は、鮮卑をつかって匈奴と烏桓をうたせる「夷を以て夷を制する」ことで、北辺の安定を保った。

一方、後漢国内に移住した南匈奴は、後漢の北辺の治安を回復し、北匈奴をモンゴル高原から駆逐し西へ移動させた。内田吟風によると、後漢時代に南匈奴の後漢に対する軍事協力は一六回。一方で反乱を起こした回数は一二回。反乱は比較的簡単に鎮圧され、動員された漢軍も二万から四万人と少なくて済んだ。前漢時代、匈奴の侵攻に悩まされていたときとは状況は大きくこととなる。その要因として、南匈奴全体の反乱がなかったこと、居住地が後漢領内であったため、軍を差し向けやすかったこと、長城の外に逃げても鮮卑や烏桓によって攻撃されて存続できなかったことがあげられている。

†逢侯の乱

逢侯《ほうこう》の乱（九四〜一一八年）は、後漢に対する反乱ではなく、南匈奴内における南匈奴と南匈奴に降服した北匈奴（新降胡）との対立という構図である。南単于の安国は、南匈奴の民衆からの評判がわるく、民衆は北匈奴討伐で功績をあげた左賢王の師子を望んでいた。そこで安国は、かつて自分たちを討った師子を憎む新降胡と組んで師子を攻撃したが、後漢の援軍を得た師子に敗れて殺された。

師子が単于となると後ろ盾を失った新降胡二〇万人は、新たに逢侯を単于に立て、凍結した黄河をわたって長城外に脱出し、朔方郡の西北を左部、涿邪山《たくじやさん》のふもとを右部とした。ただその間は数百里しか離れておらず、支配領域はわずかであった。

逢侯らは飢えに苦しみ、さらに追い打ちをかけるように鮮卑に攻撃され、長城内に逃げ戻るものが続出した。南単于は毎年のように出兵して逢侯を攻撃し、じり貧となった逢侯に鮮卑が襲いかかり、部族は散り散りとなって、多くは北匈奴へと逃れた。ついに逢侯は一〇〇騎をつれて後漢に降伏し、内地の潁川《えいせん》郡にうつされた。一七年にわたった逢侯の反乱は、鮮卑・烏桓の協力により平定されたが、このあたりから、南匈奴国内における単于の統制力低下が目立つようになる。

3 北匈奴の動静

†光武帝が和睦を拒否

少しさかのぼって、匈奴が南北に分裂したところから、北匈奴の動きについてみていこう。南単于が後漢に服属したことに焦りをおぼえた北単于蒲奴《ほど》は、五一年、武威に使者を派遣して和親を求めた。光武帝はこれを臣下たちにはかったが、北単于と和親すれば南単于が離反するという皇太子の意見に従い、和親を拒否した。断られた北単于は、翌年にも馬と裘《きゅう》を献上し、さらに西域諸国の胡客とともに入朝することを求め、北単于が西域諸国を従えていることを後漢に示した。

これに対して班彪《はんぴょう》（班固《はんこ》の父）は、匈奴が和親を求めてくるのは弱っている証拠であり、相手にする必要はない。ただ南匈奴も完全に信用できないため、北匈奴を無視するのも得策ではない。そこで両者を馬をあやつるように羈縻《きび》すべしと提案し、光武帝はその進言に従った。その後、北匈奴は使者を派遣して和親をもとめる一方で、後漢の辺境に侵入して掠奪を繰り返した。明帝は北匈奴との通交を認めれば侵攻はしないと考えて、通交を許可した。これを聞いた南匈奴の須卜骨都侯らは、北匈奴と結ぼうとしたが、漢の偵察に使者が捕まってしまった。この事態を重くみた後漢は南北匈奴の交通を遮断すべく、新たに度遼営《どりようえい》という軍隊を五原郡に設置した。

その効果が早速現れた。その年の秋に北匈奴が二〇〇〇騎を派遣して、南匈奴の離反者を迎えようとしたが、漢側に備えがあったため断念した。なおこのとき北匈奴は黄河をわたるために馬革船を作った(『後漢書』南匈奴伝)。馬革船とは、馬革製の浮袋で組んだ筏《いかだ》のようなものだと思われる。現代の蘭州にも羊革製の浮袋で組んだ筏がある。

†碑文「燕然山銘」

七三年、明帝は大規模な北匈奴遠征を実施した。この度の遠征には、漢の辺境の兵にくわえて、盧水羌胡《ろすいきようこ》・烏桓・鮮卑数万人が動員された。また南匈奴も左賢王を派遣した。遠征軍は四方面から出撃し、酒泉から天山方面に出た部隊は北匈奴の呼衍王《こえんおう》を破り、伊吾《いご》（ハミ）を獲得し、この地に屯田を置いた。

このとき西域に派遣された班超は、北匈奴の支配下にあった鄯善《ぜんぜん》・于窴《うてん》・亀茲《きじ》を北匈奴に背かせた。居延《きょえん》から出た部隊は、北匈奴の句林王《くりんおう》を破り、ゴビを越えて帰還した。平城から出た部隊は匈奴河水《きょうどかすい》に至ったが、北匈奴が遁走したため戦果なしにおわった。高闕塞《こうけつさい》から出た部隊には南匈奴の左賢王も参加し、涿邪山《たくじゃさん》にいた皐林温禺犢王《こうりんおんぐうとくおう》を攻めたが、北匈奴はゴビをこえて北へ逃亡した。

八四年、北匈奴は後漢との通商を求めてきた。章帝はそれを許し、北匈奴は大且渠を遣わして牛馬一万頭を持参させ漢の商人と交易させた。このとき北匈奴の諸王や部族長たちもこぞって交易にやってきたため、所在の郡県では、彼らを迎えるための官邸を設け、賞賜を与えて優遇した。これを聞いた南匈奴は、軽騎を派遣して上郡で北匈奴を生け捕りにし、牛馬をかすめ取った。

八五年以降、飢饉と蝗害の影響をうけ弱体化した北匈奴は、南からは南匈奴、北からは丁零、東からは鮮卑、西からは西域諸国に攻められ、単于庭を安侯河《あんこうが》（オルホン川）の西にうつした。さらに北匈奴から後漢へ降服する者があいつぎ、八七年には、五八部二〇万人が降服した。八八年、北匈奴では単于をめぐる争いがおこった。そこで南匈奴はこの機に北匈奴を併合しようと、後漢に援軍を要請し、後漢は将軍竇憲《とうけん》を派遣した。竇憲は騎兵八〇〇〇、度遼営兵と南匈奴三万騎を率いて、朔方郡から出撃し、稽落山《けいらくざん》で北単于を破った。北単于は逃走し、竇憲は北匈奴の名王以下一万三千級を斬り、奴隷、家畜一〇〇万頭を獲得した。さらに北匈奴の裨小王《ひしようおう》ら八一部二〇万人が降服した。

竇憲は燕然山《えんぜんざん》に登り、紀功碑を刻んで漢の威徳を記した。なおこの碑文は班固が書いたもので「燕然山銘」と呼ばれ、『後漢書』竇憲伝および『文選《もんぜん》』に収録されている。そこには竇憲の率いる軍隊のほかに「南単于および東の烏桓、西戎・氐・羌の君長」が参加し、「遂に涿邪《たくじや》を踰《こ》え、安侯《あんこう》を跨《また》ぎ、燕然《えんぜん》に乗《のぼ》り、冒頓《ぼくとつ》の区落《くらく》を躡《ふ》み、老上《ろうじよう》の龍庭を焚《や》き」、「境宇《きようう》を恢拓《かいたく》し、大漢の天声を振《ふる》う」と記されている。二〇一七年、モンゴル国のドンドゴビ県にあるデリゲルハーン山麓の岩肌に、この碑文が刻まれているのが確認された。

†三絶三通

九〇年、南匈奴は北匈奴を滅ぼすことを願い出て、左谷蠡王師子が八〇〇〇騎を率いて朔方郡の鶏鹿塞《けいろくさい》から出撃した。後漢は中郎将耿譚《こうたん》を派遣して、両面から北単于を包囲した。北単于は傷を負うなか軽騎数十人と脱出した。耿譚らは玉璽を入手し、閼氏と単于の子供五人およびその他数千人を捕虜とした。これにより南匈奴の人口は二三万に増加したことはすでに述べた。

九一年、北単于は後漢に討たれて烏孫に逃亡したため、弟の於除鞬《おじよけん》が自立して単于となり、蒲類海《ほるいかい》（ハミのバリコン湖）に本拠をおいた。竇憲は北匈奴に恩を売ろうと、降服してきた阿《あ》佟《とう》を北単于とし、南匈奴と同じように使匈奴中郎将のもと管理しようと提案した。しかし袁安《えんあん》らは、南匈奴に併合すればよく、わざわざ北単于を立てるのは国費の無駄であると反対した。

この議論は決着がつかないまま、竇憲は於除鞬を単于として認めるよう皇帝に上書して認められ、翌年には璽綬がおくられた。そこで竇憲は北単于をもとの本拠に戻そうとしたが、たまたま竇憲が誅殺されたため中止された。保護者を失った於除鞬は勝手に単于庭に戻ろうとして、後漢が派遣した将軍に殺された。

一方、烏孫に逃亡した北単于はどうなったのか。九一年、後漢は亀茲に西域都護を、車師前部の高昌壁《こうしょうへき》に戊己校尉《ぼきこうい》を、車師後部に戊部候《ぼぶこう》を置いた。九六年には、西域都護の班超が焉耆《えんき》を討った。これにより西域五〇国が後漢に服属した。その後の状況について『後漢書』本紀には「永元一六年（一〇四）、北匈奴が使を遣して臣と称し貢献す」（和帝紀）、「元興元年（一〇五）北匈奴、使を遣し臣と称し、敦煌に詣《いた》りて奉献す」（殤帝紀《しょうていき》）とあって、北匈奴は西域を通じて後漢に使者を派遣し、服属の姿勢を示した。

一〇七年、安帝は西域経営に経費がかかること、西域諸国がたびたび背くことを理由に西域都護を廃止し、西域の支配を放棄した。そこで北匈奴の支配が西域に及ぶこととなった。だが一二三年、後漢は班超の子の班勇を西域長史として車師を征服し、一二六年、班勇は車師後王の兵を率いて北匈奴の呼衍《こえん》王を討ち、一二七年には焉耆を征服した。その結果、亀茲・疏勒《そろく》・

于窴《うてん》・莎車《さしゃ》など一七国が後漢に帰属した。北匈奴の呼衍王はその後も車師後部に侵入を繰り返し、そのたびに後漢は軍隊を派遣して撃退したが、侵入をやめさせることはできなかった。一五三年、車師後部王の阿羅多《あらた》は後漢の戊部候とそりが合わずに反乱を起こし、ついには妻子を連れて北匈奴へ亡命したが、ほどなくして阿羅多は北匈奴から戻り、再び車師後王に返り咲いた。

北匈奴の情報はこれを最後に途絶える。後漢と西域の関係は「三絶三通」と言われるように、着いたり離れたりを繰り返した。裏を返せば北匈奴と西域の関係も「三絶三通」であった。後漢と北匈奴が車師をめぐって抗争を繰り広げたことからすれば、このころ北匈奴は烏孫の地、イリ河上流域にいたと考えられる。

†北匈奴とフン

北匈奴がユーラシアの草原地帯を西へと移動し、やがてフンとなって三七五年、ドナウ河をこえて東ヨーロッパに侵入したと言われている。北匈奴が二世紀なかごろイリ河上流域まで移動したことは先に見た通りである。その後の状況については、六世紀に書かれた北魏の歴史書『魏書』悦般伝《えつばんでん》に書かれている。

悦般国は烏孫の西北にある。代（平城）を去ること一万九三〇里。祖先は匈奴北単于の部族である。漢の車騎将軍竇憲に追われた北単于は金微山《きんびさん》（アルタイ）を過ぎて、西の康居《こうきょ》に移った。脆弱で移動できない者は亀茲の北にとどまった。悦般国の広さは数千里、人口は二〇万あまり。涼州の人はこれを単于王と呼んでいる。

この記事から、北単于は金微山をこえて康居に移動して悦般国（人口二〇万、広さ数千里）を築いたことがわかる。なお移動の途中で一部が亀茲の北にのこった。問題は移動した時期がいつなのか。この記事では竇憲に討たれてすぐに移動したように読めるが、内田吟風が言うように、後漢時代の北匈奴はイリ河上流あたりにいた。従って、北単于の移動はそれよりものちの話となり、内田は一五八年ごろと推測する。

その理由として、鮮卑の檀石槐《だんせきかい》が西の烏孫を討って北匈奴の故地を支配した点をあげる。檀石槐がそれを実行したのは一六六年ごろ。したがって北匈奴の移動はそれよりのちになる。それより解せないのは、一二三年、北匈奴の呼衍王が「蒲類《ほるい》・秦海《しんかい》の間を展転、西域を専制す」（『後漢書』西域伝）とある蒲類をバルハシ湖、秦海を黒海とし、このころすでに北匈奴の勢力は黒海まで及んでいたとすることである。内田は唐の李賢注に「大秦国は西海の西にあり、故に秦海というなり」を根拠に、大秦国は東ローマを指すことは定説であるから秦海は東ローマ

南北匈奴地図

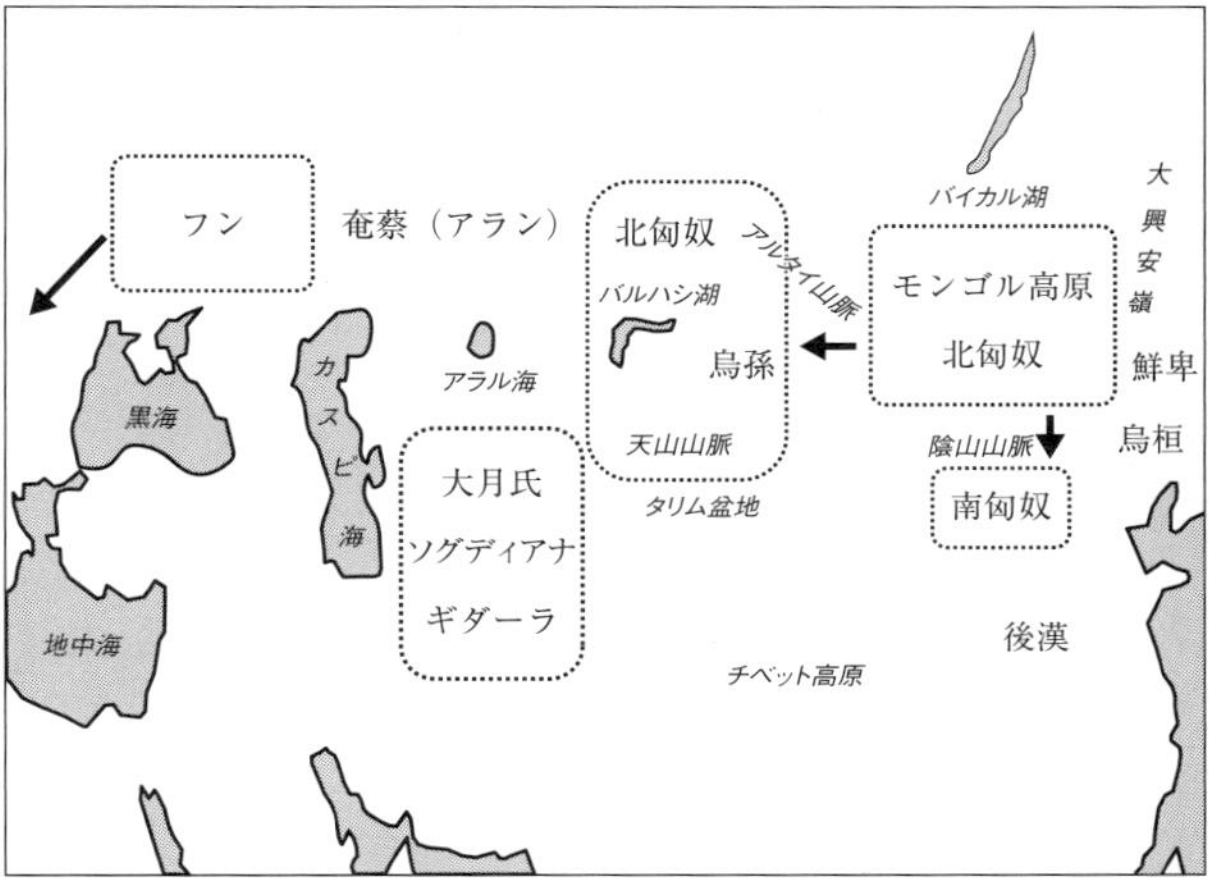

東辺の海、すなわち黒海であることは疑いないとする。

これに対して清の丁謙は、秦海を新疆ウルムチ西北の阿爾雅泊《あるやはく》（アラコリ湖）とする。内田は新疆省内を往復するだけでいかにして西域諸国を専制し得るかと丁謙の説を否定するが、逆に黒海まで支配していたと考えるのはさすがに遠すぎないだろうか。北単于ならまだしも、その支配下の呼衍王がそんなに広範囲を移動していたとは到底思えない。秦海は黒海ではないだろう。丁謙の言うように、蒲類はバリコン湖、秦海はアラコリ湖とするのが妥当であろう。

そしてもうひとつ北匈奴の西方移動に関して重要な史料が『魏書』粟特国《ぞくとくこく》伝である。

粟特国は葱嶺《そうれい》（パミール）の西にあり、むかしの奄蔡《えんさい》、別名は温那沙《おんなしゃ》という。大沢に居し、康居の西北にあり。代（平城）を去ること一万六〇〇〇里。かつて匈奴がその王を殺してその国を保有し、忽倪《こつげい》まで三世代をへた。その国の商人は以前多くが涼土（涼州）にきて商売をしていたが、北魏が姑臧《こぞう》（武威）を征服するとみな捕虜となった。高宗の初、粟特王が使者を派遣してきて捕虜を贖《あがな》うことを求め許した。それ以後、朝貢することはなくなった。

この記事から、粟特国はかつての奄蔡、または温那沙といって康居の西北、大沢に住んでいたこと。その王が匈奴に殺されて、匈奴の支配が三世代に及んだことがわかる。奄蔡とは『漢書』西域伝によれば、康居からさらに西北へ二〇〇〇里の大海のほとりにあるとあるが、康居から西北にある大海とはカスピ海のことで、奄蔡はカスピ海の北側にあった。さらに『後漢書』西域伝には奄蔡国は阿蘭聊国《あらんりゅうこく》と改名したとある。

一方、ギリシア・ローマ史料では一世紀末までにサルマタイの東部にアラン（アラノイ、アラニ）という遊牧集団がいたことが書かれている。このアランが奄蔡のことだとすれば、カスピ海北岸の奄蔡を匈奴が征服したことになる。

ところが『魏書』の粟特国とはソグディアナ地方のソグド人の国を指すことは、本文後半に涼州に商売に来ているとあることからも明白である。粟特国がソグドであるとすると、その居住地はソグディアナ地方だから、カスピ海の北側ではない。
粟特国と奄蔡（阿蘭聊国＝アラン）の関係をどのように解釈するか。フリードリヒ・ヒルトと内田吟風は、粟特を黒海北岸にあるクリミア半島のスグダクのこととし、江上波夫は粟特国のなかに奄蔡の記事が紛れ込んだとし、榎一雄は、粟特国と奄蔡を結び付けたのは北魏時代に西域に派遣された使者であって、粟特国を支配した匈奴は北匈奴ではなくササン朝と戦ったヒオン族のことであるとしたが、いずれもスッキリと解釈できるものではない。

この問題について、近年、吉田豊は新たに発見された史料から別の見解を示している。『魏書』粟特国伝は、四五七年に北魏に朝貢してきた粟特（ソグド）の使者が伝えた内容で、サマルカンドを支配した「匈奴」のことを意味するという。この「匈奴」とは『魏書』に大月氏王の寄多羅《きたら》（ギダーラ）と表記されるソグディアナからバクトリアにかけて支配したギダーラ王朝のことである。ギダーラは四世紀末ころにバクトリアで勃興し、その後ガンダーラやソグディアナに侵入した。そのことを『魏書』粟特国伝は記録したという。

ガンダーラ北部のスワットで発見されたバクトリア語の印象に「主ウラルグ、フンの王、偉大なるクシャーン王、サマルカンドのアフシャン」とあり、この印章はサマルカンドを支配していたギダーラ王のものであるとされる。それが「フンの王（原音はフナンサ）」を称した。『魏書』の温那沙（フナンサ）はその音写に対応するという。

『魏書』粟特国伝の内容が、吉田の言うようにソグディアナ地方をフン王（ギダーラ）が支配したことを伝えるものであるとすると、その位置が「康居の西北、大沢に居す」とすることと一致しない。ギダーラ王朝の支配領域とも重ならない。榎が言うように奄蔡（アラン）の話が、粟特（ソグド）のところに紛れ込んでいると考えられる。ただ後半について吉田の説が正しいとすれば、この記事は、北匈奴の移動をうらづけるものではない。

ここで注目すべきは、ギダーラがフン王を称したことである。悦般国も単于王と涼州の人から呼ばれていたこともあわせて考えると、匈奴とか、フンとか、単于とかを称する人たちが各地にいた。あるいはそのように周囲から見られていたことになる。

†匈奴の発音はフン

匈奴はキョウドにあらず。日本では匈奴をキョウドと発音しているが、当時の上漢音ではフンナ（フンヌ）と発音していた。フンと言えば、四世紀後半から五世紀にかけてヨーロッパに進出し、ゲルマン諸族の大移動を引き起こしたことで知られる遊牧集団フンと同じ発音である。このことから、清にきたイエズス会宣教師たちは、匈奴とフンを同族と考えた。

以来、匈奴がフンと同族か否か、長らく論争されてきた。同族であるか否かはさておき、匈奴がフンと呼ばれていたことは、四世紀はじめに書かれたソグド人の手紙「古代書簡」からも明らかである。そこで漢字で匈奴と表記されるところをフンとカタカナに置き換えてみるとどうなるか。前二世紀以降、ユーラシア草原はフンだらけとなる。草原だけではない、中国の華北にもフンがいた。

そこからなにがわかるか。遊牧民は強いリーダーのもとに集合する。寄らば大樹の陰という習性がある。匈奴（フン）という強力な集団のもとに集まり、その強い集団の名前を騙ることはよくある。ユーラシア各地で匈奴＝フンを称するもの（自称・他称をふくめ）が多数いた。ただこのことは匈奴とフンが同族であることを意味しない。そもそも匈奴とフンが同族であることとはなにを証明することなのか。

これまで匈奴・フン同族論争が、民族的な帰属問題に帰結したことに問題があると沢田勲は指摘する。古代ユーラシア遊牧民社会を現代的な「民族」概念（ネイション・ステイト）で考えるのではなく、遊牧契約的社会にもとづく人為的な連合組織として解釈する必要があると説く。遊牧社会とは部族の寄り集まりからなり、さらにそれが農耕地域をも支配するようになると、多様な人々を包み込む国家となる。だから匈奴民族とかスキタイ民族とか呼ぶのはそもそもおかしいのである。

†烏桓

烏桓《うがん》（烏丸）は遼東北部の遼河（ラオハ河）あたりに住み、匈奴に服属して毎年、牛・馬・羊を貢納していた。後漢に入ると烏桓は強盛となり、匈奴を攻撃してゴビの南から追い払った。光武帝の建武二五年（四九）、烏桓の部族長ら九〇〇〇人が朝貢し、それらのうちリーダー八〇人を王侯に封じて、長城内の遼東属国・遼西・右北平・漁陽・広陽・上谷・代郡・雁門・太原・朔方に住まわせ、烏桓を招来させて衣食を支給した。これら烏桓は護烏桓校尉が統治したが、烏桓は後漢のために匈奴や鮮卑と戦った。

後漢末、遼西・上谷・遼東属国・右北平の烏桓のリーダーがそれぞれ王を称して自立した。このときもと中山太守の張純が後漢に背いて弥天安定王《びてんあんていおう》を称し、三郡（遼東属国・遼西・右北平）烏桓を率いて河北から山東の四州を荒らしまわった。霊帝は劉虞《りゆうぐ》を州牧《しゆうぼく》（州長官）とし、南匈奴を徴兵して張純を倒した。その後、烏桓に蹋頓《とうとん》というリーダーが現れて三郡烏桓を統率した。蹋頓は河北の軍閥袁紹《えんしよう》と結んで公孫瓚《こうそんさん》を破り、袁紹は蹋頓らに印綬を与えて単于とした。部族長に単于が与えられた事例である。また烏桓には千夫長・百夫長がいて、それら小規模な部族長も冊封をうけたことは、「漢保塞烏桓率衆長」や「漢帰義夷仟長」などの印からわかる。さらに烏桓のほかにも匈奴・休屠胡《きゆうとこ》・盧水《ろすい》・屠各《とかく》・鮮卑に与えた印が見つかっている。

その後、袁紹を破った曹操は、柳城（遼寧省朝陽市）にいた蹋頓と王侯らを殺し、烏桓と漢族あわせて二〇万人が降服した。一部の部族長は、遼東太守の公孫康のもとに逃げ込んだが、そこで殺された。その後、護烏桓校尉の閻柔《えんじゅう》のもと、烏桓は長城以南に移り住んで、軍事行動に動員され、天下の名騎と称えられた。烏桓はこのあとも勢力としては残るものの、五胡十六国時代に政権を樹立するような動きは見られなかった。

†鮮卑

鮮卑は遼東の北部シラムレン河に住み、後漢のはじめに烏桓が後漢領内に移動したことで、南下して長城付近に進出した。匈奴が南北に分裂すると、鮮卑は強盛となり、光武帝のとき鮮卑のリーダーは王に冊封された。明帝のとき、遼東太守の祭肜は鮮卑を招来して烏桓のリーダーを討たせた。

これにより敦煌・酒泉以東の鮮卑リーダーたちが遼東郡にきて、祭肜から賞賜を受けた。そのため青州と徐州から毎年二億七〇〇〇万銭が徴収された。一世紀後半、北匈奴が西へ移動すると、かわって鮮卑がモンゴル高原に勢力をのばした。このとき北匈奴で西に移動しなかったものは、遼東に移動して鮮卑と雑居し、鮮卑と号した。昨日まで匈奴だったものが、明日には鮮卑になっている。なんという変わり身の速さか。ここからも匈奴や鮮卑が遊牧民にとっていかに有効な称号なのかがわかる。

二世紀なかごろ、檀石槐《だんせきかい》という英雄が出現すると、あっという間に南北モンゴリアを勢力圏におさめた。檀石槐は王庭を河北省北辺の弾汗山《だんかんざん》におき、支配領域を三部にわけた。右北平から遼東までを東部、右北平から上谷までを中部、上谷から敦煌までを西部として、各地に大人（部族長）を配置した。檀石槐は南北モンゴリアを支配したというが、この地にいた遊牧民がその日から鮮卑を称したというに過ぎない。称号が匈奴から鮮卑になったのである。よって檀石槐の死後、この鮮卑国家はすぐに崩壊し、四世紀末に柔然《じゅうぜん》の社崙《しゃろん》が丘豆伐可汗《きゅうとうばつかがん》を称して北モンゴリアを支配するまで、統合権力の不在時期をむかえる。

後漢末、鮮卑の小部族出身の軻比能《かひのう》が、公平で財物を独占しないというので大人に推戴された。軻比能は長城近くにいたため、「中国人」（『三国志』鮮卑伝の表記）の多くが逃げ込んで、兵器・鎧・楯の作り方や文字を教えた。そのため軻比能は部族を統率する際、中国にならい軍の出入や狩猟の際には、旗をたて、太鼓にあわせて進退した。曹操が幽州を平定すると、軻比能は護烏桓校尉のもとに出向いて貢納し、魏が建国されると王に封じられた。

軻比能は徐々に勢力を拡大し、和親と侵略を繰り返した。そのなか、二三一年、蜀の諸葛亮が祁山《きざん》まで進出し、軻比能に使者をおくって連携をもちかけ、それをうけて軻比能は旧北地郡の石城まで出撃した。しかし二三五年、軻比能は護烏桓校尉の王雄の刺客に殺された。鮮卑は檀石槐の東部・中部・西部という大枠のなかで、それぞれ部族が分散居住し、ときおり軻比能のようなリーダーが現れると統合の動きがみられた。三世紀中頃以降、東部の慕容部《ぼようぶ》・中部の拓跋部《たくばつぶ》、西部の禿髪部《とくはつぶ》と乞伏部《きつふくぶ》が統合をはたし、五胡十六国時代に政権を樹立する。

†南単于権の崩壊

一四〇年、南匈奴の吾斯《ごし》が反乱をおこし、右賢王をさそって単于庭のある美稷《びしょく》（内蒙古ジュンガル旗）を包囲し、朔方郡と代郡の官僚を殺した。後漢は馬続《ばしょく》を派遣し、さらに烏桓・鮮卑・羌の部隊二万を動員して鎮圧にあたった。この事件に対して、後漢の順帝は使匈奴中郎将を派遣して単于を問責し、単于は謝罪した。ところが新たに使匈奴中郎将となった陳亀《ちんき》は、単于の監督不行届きを執拗に責め立て、単于と左賢王を自殺に追い込んだ。

反乱を起こした吾斯らは句龍王《くりゅうおう》の車紐《しゃちゅう》を単于とし、烏桓・羌・戎・諸胡数万人と結んで、陝西・甘粛・河北一帯を荒らし回った。南匈奴では単于が自殺して不在だったため、後漢は洛陽にいた兜楼儲《とうろうちょ》を単于として送り込んだ。兜楼儲が在位五年で死去すると、居車児《きょしゃじ》が単于となったが、支配下の諸部族が反乱を起こし、烏桓・鮮卑とともに辺境の諸郡を荒らした。

これに対して使匈奴中郎将の張奐《ちょうかん》は、単于を拘束したうえで、左谷蠡王を単于とするよう桓帝に進言した。しかし桓帝は「居車児は一心に中国に従ってきた。何の罪があろうか。単于庭に還せ」と言って、居車児を許した。このころの南匈奴の単于は配下に対する統治力を失っており、使匈奴中郎将や後漢政府の言いなりであった。

一八八年、もと中山太守の張純《ちょうじゅん》が反乱を起こし、鮮卑・烏桓と結んで辺境を荒らした。霊帝は南匈奴の兵を徴発して、幽州刺史の劉虞《りゅうぐ》の配下として張純を討伐させようとした。ときの羌《きょう》渠単于《きょぜんう》は左賢王を幽州に派遣したが、南匈奴の人々は度重なる徴兵を恐れ、翌年、一〇万人が反乱を起こして羌渠単于を殺した。その子で右賢王の於扶羅《おふら》が単于となったが、反乱側は須卜《すぼく》骨都《こつと》侯《こう》を単于とした。

於扶羅は洛陽にいって霊帝に事態の収拾を直訴したが、たまたま霊帝が崩御したうえに、黄《こう》巾《きん》の乱《らん》で天下が混乱していたので、数千騎を率いて白波賊《はくはぞく》とともに河内《かだい》（河南省北部）で掠奪しようとしたが、河内諸郡では人民が自衛していて掠奪できなかった。そこでオルドスの単于庭にもどろうとしたが、オルドスの部族民は於扶羅を拒んだため戻れず、平陽《へいよう》（山西省臨汾市《りんふんし》）に留まった。オルドスでは、須卜単于が在位一年で死去すると、単于不在となり、老王が国事を代行した。ここに南匈奴は、オルドス匈奴と山西匈奴に分裂した。

山西匈奴の於扶羅は、一九五年に死去し、弟の呼厨泉《こちゅうせん》が即位した。呼厨泉は董卓《とうたく》によって長安に連行された献帝を護衛して、洛陽さらに許《きょ》（河南省許昌市）に移した。このころ蔡邕《さいよう》の娘の琰《えん》（字は文姫《ぶんき》）が胡騎にさらわれ、山西匈奴の左賢王に嫁いだ。蔡文姫は山西匈奴に一二年いて、二人の子供をもうけた。当時、後漢の有力者となった曹操は、友人である蔡邕のために、左賢王から彼女を買い戻した。蔡邕と言えば、自身の著作『琴操』のなかで、王昭君の悲劇についいて書いているが、まさか自分の娘が南匈奴に嫁ぐとは夢にも思わなかったであろう。蔡邕は一九二年に死去しているから、娘の悲劇を知る由もない。

二一六年、呼厨泉が来朝すると、曹操はこの機を利用して呼厨泉を自身の拠点である鄴《ぎょう》（河北省臨漳県）に抑留し、右賢王の去卑《きょひ》を山西に派遣して、山西匈奴を監督させた。このときの山西匈奴に対する曹操の政策について、『晋書』北狄伝には、

建安中、魏の武帝（曹操）は初めてその衆（山西匈奴）を五部に分割し、部ごとに有力者を立てて帥《すい》（リーダー）とし、漢人を選んで司馬として監督にあたらせた。魏末に帥を都尉と改めた。

とある。建安年間（一九六〜二一九年）曹操は、山西匈奴を五部（左右中南北）に分割し、単于の一族から帥を選んで各部の統治にあたらせ、それを監督する漢人の司馬を派遣した。二二〇年、禅譲により皇帝に即位した曹丕《そうひ》（文帝）は、呼厨泉に対して匈奴単于の璽綬をあたえた。山西匈奴に対する統治は、西晋に引き継がれ、各部のリーダーは帥から都尉へ名称が変更され

たが、五部体制は継続した。

三世紀中ごろ、幷州《へいしゅう》（山西省）で左賢王劉豹が部族を統合した。これに対して魏では、去卑の子に顕号（右賢王？）をあたえて、雁門《がんもん》に住まわせることで、劉豹の勢力を二分する案が出され、当時政権を担当していた司馬師《しばし》が採用した。劉豹の子が劉淵にあたり、西晋のとき山西匈奴を統合して自立をはたす。一方、オルドス匈奴の動向はよくわからない。後漢末から魏・西晋にかけて、オルドスに王朝の支配は及ばなかった。

†仏教伝来

『魏書』釈老志に、「前漢武帝のとき霍去病《かくきょへい》が休屠王《きゅうとおう》の金人を獲得し、武帝はそれを大神として甘泉宮に列し、焼香して拝礼した。これすなわち仏道流通の漸《ぜん》なり」とあり、中国に仏教が伝来したのは、前漢武帝のときとしているが、この金人が仏像であるという認識は、北魏の崔浩も同様のコメントをしている（『史記索隠』）ので、北魏のころの認識だったようだ。

実際に中国に仏教が伝わったのは、一世紀後半の後漢明帝期とされる。明帝が夢に頭が光り輝く金人を見て、臣下に問うと「西方に仏と呼ばれる神がいる。陛下が夢でみたのはそれではないでしょうか」と言われた。そこで天竺《てんじく》に使者を派遣して経典と仏像を求めさせた。使者が白馬に経典をのせて帰ってきたことから、洛陽の西に白馬寺を建てたという話が有名である。

桓帝・霊帝のころ、西域出身の僧侶が中国にきて、仏典の漢訳にあたった。有名な人物として安世高《あんせいこう》・支婁迦讖《しるかしん》・竺仏朔《じくぶつさく》・康孟詳《こうもうしょう》・竺大力《じくだいりき》らがいる。

中央アジアを経由して中国に伝わった大乗仏教は、途中、古代アーリア人の諸宗教の影響をうけたという。例えば、古代アーリア人の太陽崇拝であるミスラ神崇拝が大乗仏教の阿弥陀仏や弥勒菩薩の信仰となった。中央アジアにいたアーリア人が諸宗教から仏教に改宗し、その教義を伝えるために西域諸国を経由して中国に来た。安世高（パルティア人）・支婁迦讖（クシャーナ人）・竺仏朔（インド人）・康孟詳（ソグド人）・竺大力（インド人）はそうしたアーリア人である。

アーリア人は、「金髪・碧眼・長身・細面」という身体的特徴を持ち、前三千年紀には、中央アジアで牧畜生活を送っていた。そのなかから西方へ向かう集団（印欧語族のヨーロッパ系）と中央アジアに残った集団に分かれたが、この残った集団をアーリア人という。アーリア人は、馬と二輪スポーク戦車を導入して、前一五〇〇年ごろ、インド・イラン各地へ移動して定住した。一方で、中央アジアのオアシス地域に移動するグループ、ステップの騎馬遊牧民になったグループもいた。中央アジアのオアシス都市に住んだアーリア人の子孫が、後漢末にこぞって中国へやってきて、西域胡語（トカラ語・コータン語など）の仏典を漢訳した。

こうした漢訳仏典のなかに康孟詳・竺大力が訳した『修行本紀経』があり、そのなかで釈迦のもつ三十二相《さんじゆうにそう》を紹介している。三十二相とは、釈迦などの聖人には一般人にはない身体的特徴があるとするもので、見てすぐにわかる身体的特徴が三十二相、より細かな特徴が八十種好《はちじつしゆごう》である。三十二相の九に「正立手摩膝相《しようりゆうしゆましつそう》」正立（直立）したとき両手が膝に届き、手先が膝をなでるくらい長いというものがある。

この身体的特徴を孔子が持っていたとするのが『春秋演孔図《しゆんじゆうえんこうと》』という書物である。この書物はいわゆる緯書《いしよ》とよばれる予言書で、孔子を聖人化するとともに、偉大な孔子が新たな皇帝の出現を予言する。孔子が釈迦とおなじ身体的特徴をもつとすることで、孔子の聖人化がなされている。おなじく劉備も『三国志』先主伝に「手を垂らすと膝を下り、顧《かえり》みるに自《みずか》らその耳をみる」と書かれている。劉備の場合、三十二相の「正立手摩膝相」にくわえて、八十種好の「如来の耳は厚く広くて垂れ下がっている」俗にいう福耳も持っている。これらの話が文献に書かれるということは、仏教が知識人層に浸透していたことを示す。

一方、後漢末、笮融《さくゆう》は徐州（山東省）の陶謙《とうけん》から物資輸送を任されると、集めた物資を懐にいれ、その財力をもとに寺院を建て、黄金の仏像に錦の着物をきせた。人々に経典を読むことを義務づけ、出家をゆるし、税金を免除したため、五〇〇〇戸が集まった。灌仏会《かんぶつえ》にはたくさんの料理を用意して、道には何里にもわたって筵《むしろ》が並べられ、見物人が一万人にのぼった（『三国志』劉繇《りゆうよう》伝）。このことから、民間でも仏教が浸透していたことがうかがえる。

一世紀なかごろ、匈奴が南北に分裂して、南匈奴は後漢国内に移住し、後漢の監視下におかれ、次第に単于の統治権は失われていった。一方、モンゴル高原にのこった北匈奴は後漢に討たれて西へ移動し、二世紀なかごろまでイリ河上流域で勢力を保っていた。匈奴が去ったモンゴル高原には、遼東から台頭してきた鮮卑の支配が一時的に及ぶが、その後しばらく大きな遊牧勢力はあらわれなかった。後漢は異民族統御官である使匈奴中郎将をおいて南匈奴に対する統制を強めると同時に、新たに出現した烏桓・鮮卑・羌にも対応する異民族統御官をおき、夷狄同士を牽制させる「夷を以て夷を制する」を実施した。中華世界に入り込んだ南匈奴は、後漢末にオルドス匈奴と山西匈奴に分裂し、山西匈奴は魏・晋の統治をうけたが、やがて自立の道を歩む。

第六章

夷狄による中華の再生

西晋のとき四川と山西で夷狄（前趙）が自立し、中華世界に夷狄の王朝が建国された。これは中国史上はじめてのことである。これ以降、東ユーラシアは、草原世界と二つの中華世界（五胡・北朝と東晋・南朝）の三つ巴で展開していく。この時代、北方では夷狄による中華の再生がはかられる。本章では、五胡十六国から北魏における夷狄による中華再生への過程を見ていく。

1　五胡十六国

†八王の乱

二六五年、三国魏から禅譲をうけて皇帝に即位した西晋の武帝は、二八〇年、呉を平定して中国統一をはたした。

しかし武帝のあとを継いだ恵帝は暗愚無能であったため、楊太后が実権をにぎり、一族を要職につけた。それをきらった恵帝の賈皇后《かこうごう》は、宗室の汝南王《じょなんおう》と楚王と結託して楊氏一族を殺して実権を掌握した。しばらく政権は安定していたが、二九九年、賈皇后が皇太子を廃位し、翌年、殺害した。

「十六国」興亡図

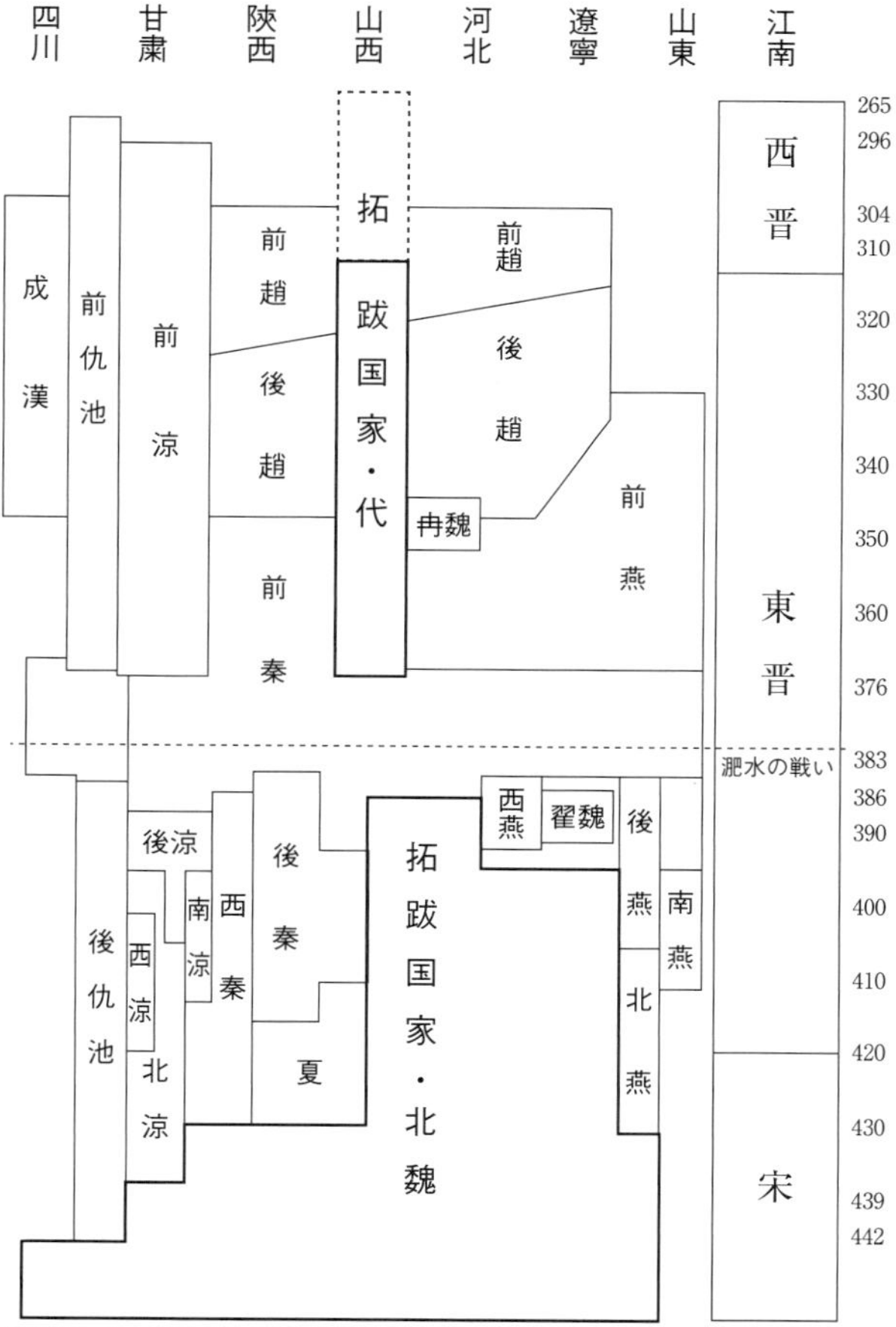

松下憲一『中華を生んだ遊牧民』講談社、2023年、54頁

これに対して、趙王司馬倫《ちょうおうしばりん》がクーデターをおこして賈皇后一派を排除し、さらに恵帝を幽閉して太上皇とし、みずから皇帝に即位した。これに対し宗室諸王が一斉に反発し、司馬倫は殺され、諸王の抗争が激化するなか、三〇六年、東海王司馬越《とうかいおうしばえつ》が懐帝《かいてい》を擁立して、ようやく終息した。これを八王の乱（三〇〇〜三〇六年）という。

†五胡十六国のはじまり

三〇四年の匈奴劉淵の自立から、四三九年の北魏による華北統一までを五胡十六国時代という。五胡とは、一般的に匈奴《きょうど》・羯《けつ》・鮮卑《せんぴ》・氐《てい》・羌《きょう》の五つを指すが、これは一三世紀頃に定められたものである。そもそも五胡の五は多くのという漠然とした意味であって、ほかに三夷、四夷、六狄、七戎、八蛮、九夷、百蛮など様々な表現があった。一方、十六国については、北魏の崔鴻《さいこう》がこの時代を『十六国春秋』という歴史書にまとめたことにちなむ。ただこの時期に建国された国は二〇以上あり、十六国も実数ではない。

五胡十六国時代は、雑多な夷狄が興亡を繰り返した時代で、その夷狄による混乱をおさめたのが、北魏であるとされる。この理解は北魏の崔鴻『十六国春秋』の歴史認識が反映されたものであり、この歴史認識を受けついだのが、唐で編纂された『晋書』載記《さいき》である。

その冒頭に、劉淵が漢を称してから一三六年の間、戦国の世が続いたと書いている。劉淵が漢を称したのは三〇四年のことで、それから一三六年目は、北魏太武帝が北涼を平定した四三九年である。つまり五胡十六国は三〇四年から四三九年である。と同時に「五胡《ご》擾乱《こじょうらん》」、すなわち五胡によって破壊と混乱がもたらされた。この二つの歴史認識は、北魏の中華思想から生まれたものである。

†劉淵の自立

山西匈奴の左賢王で左部帥の劉豹は、息子劉淵を人質として洛陽に送っていた。劉淵は、幼い頃より学問を好み、崔游《さいゆう》という漢人のもとで、儒教の経典や『孫子兵法』『史記』『漢書』を学んだ。また洛陽では、漢人貴族とも交流し、父の劉豹が死去して山西に戻ることになったときには、「虎を野に放つことになる」と警戒論も出されたが、武帝に許されて左部帥を継いだ。

その後、八王の乱がおこると、成都王が劉淵を抱き込んで、山西匈奴を味方に引き入れようとした。このとき右賢王の劉宣《りゆうせん》は、山西匈奴の人々に、

「むかし我らの祖先は漢と盟約を結んで兄弟となった。漢が滅んで魏晋の時代になり、われら単于は名前だけで実体がない。いま司馬氏同士が争って、世のなかは大混乱だ。いまこそ国を復興しよう。左賢王の劉淵は才能にあふれ、もし天が彼を単于に選ばないなら、どうして彼をこの世に生んだのか」

と呼びかけ、劉淵を大単于とし、山西匈奴の結集をはかり、三〇四年、劉淵は自立して漢王を称した。ところで匈奴なのになぜ漢王を称したのか。自立するにあたって劉淵は次のように宣言した。

そもそも帝王は常に決まった何かがあるわけではない。禹《う》（夏王朝の始祖）は西戎《せいじゅう》の出身、文王（周王朝の開祖）は東夷《とうい》の生まれ、徳があったから天から帝位を授かったのだ。いま一〇万の軍勢で一人が晋軍の一〇人にあたれば勝てる。しかし晋の人たちは必ずしも我らに同調していない。漢は天下を統治すること長く、その恩徳も人々に届いている。だから劉備も蜀一州の地で天下を争うことができたのだ。わしは漢王朝の婿にあたり、兄弟の契りも結んでいる。兄が死んだら弟が継ぐのが当たり前。そこで漢を称し、蜀の後主を追尊して人望をつなぎとめようと思う。

匈奴の劉淵が漢を称したのは、匈奴の冒頓単于が漢の劉邦の娘を娶ったことを持ち出し、自分には漢の皇帝の血が流れていること、さらに兄弟の関係であったことから、兄である漢が滅んだら、弟の匈奴が継ぐのが当然とした。ただそれは建前の話。本当の理由は、漢が長年にわたって中国を統治してきた王朝で、漢を名乗ることで晋の人たちを引き入れることができると考えたのである。さらに前漢→後漢→蜀漢→劉淵と漢の血統を継いでいることを証明するため、蜀漢の後主(劉禅)に孝懐皇帝の諡《おくりな》をおくった。

またこのとき劉淵は、中華世界の帝王である禹《う》や周の文王はいずれも夷狄であったが、徳があったから天から帝位を授かったと言っている。これは夷狄でも中華の帝王になれるという認識を持っていたことを示す。ただ劉淵の場合、漢の皇帝の血をひいていることも拠り所としている。これは後漢はじめに盧芳が武帝の子孫であり、かつ匈奴の谷蠡《こくり》渾邪《こんや》王《おう》の子孫として、漢人と匈奴を束ねようとしたことに通じる。

†皇帝即位

三〇四年、劉淵は漢王を称して自立し、離石《りせき》(山西省離石市)の左国城《さこくじょう》を首都とし、百官をおいた。百官をおくという行為は王朝を開くときに必要なものである。このとき丞相《じょうしょう》(劉宣)、御史大夫《ぎょしだいふ》(崔游)、太尉《たいい》(劉広)を置いたが、これは秦漢の中央官僚の三公と同じ官職であり、前漢の官僚制度を意識したのであろう。ついで三〇八年、皇帝に即位した。最初から皇帝を名乗ればいいと思うが、四年あけたことには意味がある。劉邦も漢王(前二〇六年)から皇帝(前二〇二年)になるのに四年かけている。劉淵は劉邦をまねたのである。

劉淵は平陽《へいよう》(山西省臨汾市)に首都をおいたが、平陽には紫気(皇帝の運気)があり、かつ堯《ぎょう》

（五帝の一人）が首都を置いたというのが、平陽を首都にした理由である。さらにそこを流れる汾水《ふんすい》から「有新保之（新がこれを保有する）」と書かれた王莽が持っていた玉璽が発見された。発見者はそこに「泉海光」の三文字を書き加えて、劉淵に献上した。劉淵はこの玉璽の発見は、自分に対する瑞祥《ずいしょう》（天が皇帝に示すしるし）であると考え、「河瑞《かずい》」と改元した。劉淵の字《あざな》は元海で、「泉海光」の泉は名の淵、海は字に対応すると考えた。劉淵は幼いころに『史記』『漢書』を読んでいたから、これら一連の行動は、これら史書を参考にしたのであろう。劉淵の漢をここでは匈奴漢と称する。

†宗室軍事封建制

匈奴漢では、宗室（皇帝の一族）を王に封建するとともに、将軍に任命して部族兵をそれぞれ統率させている。これを宗室軍事封建制という。これはかつて匈奴において、単于の一族が左賢王・右賢王などの王に任命されて、左右の領地に放牧地を与えられ、その地で部族を統治しながら、戦時には将軍として部族兵を率いて出兵する制度を引き継いだものである。こうした遊牧的制度が、中華世界に入ってきた南匈奴でも採用され、五胡十六国でも残っていた。この宗室軍事封建制は五胡諸国を短命に終わらせる要因にもなった。

五胡諸国では、おおむね皇位継承にあたって、長男を皇太子として立て継がせる。つまり儒教が理想とする長子相続を採用している。しかし実際には、皇太子が皇位を継承しても、ほかの宗室諸王のなかで、実力があるものがクーデターにより皇位を奪い取るケースが頻出する。宗室諸王が軍事力をもっていたこと、実力がある者こそが君主となるべきという遊牧的価値観が色濃くのこっていたことが、クーデターの背景にはあった。

クーデターで皇帝になった者が優秀で、国家体制が揺るがなければ問題ないが、内紛が長期化して国家が弱体化すると、その隙をついて他の部族に攻められて亡びるというのが、五胡諸国に共通する滅亡のシナリオである。五胡諸国は、宗室軍事封建制を脱することができなかった。この時期、皇帝権力が宗室諸王を抑えるほど成長していなかった。言い換えれば、遊牧社会の部族連合を脱し切れなかったとも言える。

†劉聡の即位

そのことを示す事例の一つが、劉聡の即位である。初代劉淵が死ぬと、長男で皇太子だった劉和《りゅうか》が即位した。劉和は身長八尺（一九二センチ）、堂々とした体格である一方で学問も好きで、『毛詩』『春秋左氏伝』『鄭氏易』を習った。しかし皇太子になると猜疑心をもち、下の者に対して温情がなかったという。即位すると、自分の地位を狙う弟たち諸王をつぎつぎ殺していった。そこで反撃に出た四男の劉聡が劉和を殺して三代目として即位した。なおこのとき劉聡は、弟の劉乂《りゅうがい》に皇帝を譲ろうとした。それは劉乂が単皇后の子で、正統な後継者とみられていたからである。

ところが劉乂はそれを拒否した。劉聡の本心を知っていたからであろう。そこで劉聡がとった行動が、単皇后を自分の妻とすることであった。『晋書』劉聡載記には「偽太后《にせたいこう》単氏は姿色絶麗、聡、烝《じょう》す」と書かれている。「烝す」とは私通することを言うが、自分より身分の上の女性と関係を持つことを「烝」といい、下の場合は「報」、同等の場合は「通」となる。劉聡にとって単皇后は上位身分の女性で、彼女と関係をもったので「烝す」と書かれた。だがその意味するところは、父の妻を息子が娶ったレビレートにあたる。

レビレートをした劉聡の目的はなんだったのか。単氏は初代劉淵の皇后であり、劉乂の母でもある。彼女を自分の妻にすることで、皇后の夫、すなわち皇帝の座が手に入り、かつ後継者と目された劉乂の父という立場も手に入る。二代目の劉和を殺して即位した劉聡にとって、自分の即位を正統化するために単皇后を妻に迎えることは必要だったのである。また後宮をおさえるねらいもある。

匈奴漢では、レビレートがくりかえされた。劉聡が死んで、四代目の劉粲《りゅうさん》が即位した。すると劉粲は劉聡の妻たち四人を自分のものにした。劉聡は皇后を四人たてた。ふつう皇后は一人である。それを四人も同時に置いた。これには臣下から批判が出たが、反対を唱えた臣下を左遷することで封殺した。はじめ三人の皇后を立てたが、のちにもうひとり加えて四人となった。顔ぶれは、靳氏《きんし》（匈奴靳準《きんじゅん》の娘）、樊氏《はん》（張皇后の侍婢）、宣氏（宦官宣懐《せんかい》の養女）、王氏《おう》（宦官王沈《ちん》の養女）である。

劉聡は、匈奴の名族の靳氏のほか、宦官を頼りとして宗室諸王に対抗しようとした。五胡の君主は皇帝とは言っても、部族全体を完全に従わせるだけの絶対的な権力を持っていたわけではない。そこで、君主の支持者を増やすために宦官を優遇するなどの手段をとった。よって劉粲は父の権力基盤を継承するために、レビレートを行ったのである。

ところがこれが裏目にでた。三一八年、外戚となった靳準がクーデターをおこして、平陽にいる劉氏一族を殺害し、漢天王を称し、「古より胡人で天子となった者はいない」として東晋に降服を申し入れた。これにより匈奴漢は一時滅亡した。南匈奴を裏切った靳準としては、東晋を頼らざるを得なかったのだろう。

匈奴漢が靳準のクーデターで滅んだころ、長安にいた劉曜は皇帝に即位し、平陽の靳準を滅ぼした。三一九年、劉曜は長安に遷都するとともに、国号を趙に変更した。一方、劉淵のもとで河北支配を担っていた石勒《せきろく》は、平陽到着が遅れて劉曜に先を越されてしまった。そこで襄国《じょうこく》（河北省邢台市）において大単于・趙王を称して自立した。ここに匈奴漢は長安の前趙と襄国の後趙とに二分された。ちなみに劉曜も手を垂れると膝を過ぎる異形の相をもっていた。

†五徳終始説

劉曜は国号を趙と改め、漢の皇帝を祀るのをやめて冒頓単于を祀った。と同時に晋の金行を受けて水行とした。これは五行思想《ごぎょうしそう》にもとづき王朝交替を表わすものである。五行思想とは、世界を構成する五つの要素（木・火・土・金・水）が規則正しく循環することで、季節がめぐったり、人間が健康でいたりできるという思想である。それを王朝交替にあてはめるのが五徳《ごとく》終始説《しゅうしせつ》で、王朝も五行のいずれか一つをもち、五行が移り変わるように王朝も交替すると考えるのである。ただし移り変わりには、木⇩金⇩火⇩水⇩土⇩木というように、前のものが後ろのものに倒されるとする相克説《そうこくせつ》と、木⇩火⇩土⇩金⇩水⇩木というように、前のものから後ろのものが生まれるとする相生説《そうしょうせつ》とがある。相克説は武力による交替（放伐《ほうばつ》）を、相生説は後継者を指名する交替（禅譲《ぜんじょう》）を説明するのに適している。王莽が禅譲によって王朝交替を成し遂げる際に、この五徳終始説が使われ、その後、魏晋南北朝、隋唐の王朝交替でも使われている。

†前趙は胡漢二重体制

前趙の国家制度は、匈奴をはじめとする遊牧民と、晋に属していた漢族を統治する、いわゆる胡漢二重体制になっていた。『晋書』劉聡載記には次のように書かれている。

左右司隷をおき、それぞれ戸二十余万を統治し、一万戸に一内史を置き、内史は四三あった。また単于左右輔はそれぞれ六夷十万落を統治し、一万落に一都尉を置いた。

左右司隷は、首都周辺に住む漢族などの定住民四三万戸（一戸五人とすれば二一五万人。四三の内史なので左右均等に分割できない）の統治にあたった。その他の地域には州郡がおかれた。単于左右輔は、首都周辺に住む匈奴をはじめとする遊牧民二〇万落（落は遊牧民の住居群一五人程度を指す。二〇万落はおよそ三〇〇万人）の統治にあたった。一万落に一都尉を置くのは、魏晋の山西匈奴の統治方法とおなじ。その他の地域に住む遊牧民ついては都督や州牧が統治したと思われる。

前趙は三二〇年までに、関中（陝西）に住む氐や羌を支配下に組み込んだ。そこで三二五年、大単于台《だい》を渭城《いじょう》（陝西省咸陽）に移し、匈奴・羯・鮮卑・氐・羌の部族長を左賢王・右賢王以下の王侯に任命し、皇太子の劉胤《りゅういん》を大単于に任じて統治させた。

単于台は五胡十六国の後趙《こうちょう》（羯《けつ》）、後燕《こうえん》（鮮卑）、北燕《ほくえん》（漢族）でも設置されたことが史料から確認できる。またその他の五胡諸国においても大単于の称号が使用されていることからすると、大単于が遊牧民の統治にあたったと考えられる。鮮卑の慕容部が建国した前燕・後燕では、大単于のしたに複数の部俟釐《ぶしり》が置かれていた。俟釐は俟斤《しきん》とも書かれる部族長を意味する鮮卑語で、突厥ではイルキンと呼ばれる。

三二八年、劉曜は後趙の攻撃をしのいだ後、反撃に出て洛陽奪回をはかったが、後趙に敗れて殺された。皇太子の劉煕《りゆうき》は西方に逃れたが、翌年、殺されて前趙は滅んだ。

†後趙の建国

後趙を建国した石勒は『晋書』石勒載記によると「上党武郷（山西省長治県）の羯人《けつ》なり。その先は匈奴の別部羌渠《きようきよ》の末裔」という。深目・高鼻・多鬚という特徴から、匈奴支配下にいた月氏（姚薇元《ようびげん》）とする説、北欧型に類する種族（内田吟風）、西方系の種族を中心とする諸種族の混血した雑胡（町田隆吉）など、様々な説があるが、おそらく南匈奴とともに中国にうつり、山西省に住み着いた集団で、漢人から、窪んだ目に尿を注げると馬鹿にされたエピソードも記録されているくらいにインパクトある顔をしていた。

羯族は河北の上党一帯で牧畜をしていたが貧しく、漢人に雇われるなどして生活をしていた。西晋のとき、この地方を大飢饉がおそい、生活できなくなった羯族は漢人の奴隷として売られた。このとき奴隷となった石勒は、やがて盗賊として頭角をあらわし、劉淵に仕えて河北平定で活躍した。三一八年、靳準のクーデターでは軍を率いて平陽にむかったが、劉曜に先を越されたため河北にもどり、三一九年、襄国で大単于・趙王を称して自立した。後趙の建国である。

三一九年、前趙の劉曜から冊封をうけた石勒は、趙王か趙帝かは自分で選ぶと辞退し、君主号をどうするか臣下と議論をかさね、大単于・趙王とした。劉備が漢王を称して蜀で自立し、曹操が魏王を称して鄴《ぎょう》で自立したことにならい、二四郡二九万戸を趙国とし、趙王として支配した。一方で、大単于は百蛮を鎮撫するもの、すなわち支配下の遊牧民を支配する称号であり、趙王と大単于を併称した。また春秋の諸侯や漢の諸侯王にならい趙王元年として、元号を建てなかった。

†石勒の統治

石勒は胡という蔑称をきらい、支配者である胡人を国人と改めた。また胡と名前のつく物、例えば胡餅《こへい》は摶鑪《たんろ》、さらに麻餅《まへい》と改めた。胡餅は円形のナンのような食べ物で、この時期に登場し、摶鑪はそれを焼く窯のことかと思われる。麻餅のほうは、胡麻をふりかけてあったことと関係するのかもしれない。

支配者である国人は、漢人とは別の行政機構で統治していた。例えば経学祭酒・律学祭酒・史学祭酒・門臣祭酒は、国人のもめ事を裁く機構として置かれた。また門生主書は、国人の宮中への出入りを監督し、とくに衣冠の華族（漢人）を侮蔑することを厳しく禁じた。司兵勲は国人の子弟に撃刺《げきし》戦射《せんしゃ》の法（剣・矛・弓）を教えた。

また首都襄国の四門に宣文・宣教・崇儒・崇訓など一〇あまりの学校を建て、将軍・豪族の子弟一〇〇人を教えるとともに、警護につかせた。これは遊牧君主の側近官の養成機関だと思われる。石勒は学校にいって優秀な学生に帛《はく》（絹）を賜った。また石勒は軍旅中であっても儒生に『春秋』や『史記』『漢書』を朗読させて、むかしの帝王の善悪について論評し、それらが的確であったという。さらに『上党国記』『大将軍起居注』『大単于志』といった自身に関する歴史書の編纂も行っている。

その一方で、国人に対して、嫂《あによめ》を執ること（レビレート）と喪中の婚姻を禁止したが、火葬についてはそのままとした。

三二九年、前趙を滅ぼして華北の主要部分をおさめた石勒は、翌三三〇年二月、群臣が皇帝即位を促すなか、趙天王に即位して皇帝代行となった。このとき長男の弘を太子・大単于とした。これに対して養子の石虎《せきこ》は、後趙が建国できたのは自分のおかげであり、大単于は自分がなるべきだと反発した。ここに宗室軍事封建制の危険性が顔をのぞかせる。

六月、皇帝に即位した石勒は、長男の弘を皇太子とした。その際、石虎の兵権を取り上げなければ、皇太子が国家を継承することが危うくなるという臣下の進言を理解してはいたが、実行できずにいた。これがやがて石虎のクーデターをまねく。

†石虎の後継者問題

三三三年、石勒が死ぬと石弘が即位したが、実権は石虎が握った。このとき石虎は、石勒の劉皇后以下の妃たちを自分の息子の崇訓宮にうつし、そのうち美淑のものを選んで自分のものとした。これもレビレートにあたる。石勒の劉皇后は石虎暗殺を計画したが、発覚して殺された。なお劉皇后は美しさと強さを兼ね備え、「軍国の務」を助けたという遊牧社会に典型的な女性であった。石弘は退位させられて王に格下げとなった。

三三四年、石虎は居摂趙天王《きよせつちようてんおう》に即位し、襄国に太武殿、鄴に東西宮を建設した。太武殿は土台の高さが二丈八尺（七メートル）、縦六五歩（九八メートル）、横七五歩（一一〇メートル）、床下に隠し部屋があり、五〇〇人の衛士を配置した。後宮には官僚の娘や州郡から選抜された女性たちが一万人あまりいて、一八等級に分けられた女官が置かれた。女官には星占いと騎射と歩射が教えられた。女官のうち、霊台《れいだい》（天文台）に置かれた女太史《じよたいし》は天体の動きから災祥を読み取り、男性の外太史《がいたいし》の読み取り結果の虚実を判断した。また鮮やかに着飾った女騎士一〇〇〇人が天子の行列に随行した。

『太平御覧』に引用される『鄴中記』には、

石虎は当時、襄国から鄴に至る二〇〇里中に、四〇里ごとに一宮殿を建て、宮殿には一夫人、侍婢数十人、宦官宿衛がいて、石虎は車を降りて滞在した。石虎は内外に大小の宮殿・台・行宮四四を建てた。

とある。ここで問題。襄国から鄴まで二〇〇里。四〇里ごとに宮殿を一つ建てると、襄国と鄴のあいだに宮殿はいくつ建てられるか。正解は四つ。

一方、『初学記』に引用される『鄴中記』では、「石季龍（石虎）は襄国から鄴に至るまで二〇〇里ごとに一宮殿を建て、宮殿には一夫人、侍婢数十人、石季龍は内外に大小の宮殿を九つ、台観、行宮四四を建てた」となっている。

『太平御覧』と『初学記』はともに類書（百科全書）で、事項を説明する際、多様な文献を引用しているが、引用の際にもとの史料を勝手に削ることがある。二つを見比べるともとの『鄴中記』では「四〇里ごとに」とあったのを『初学記』が削除していることがわかる。襄国から鄴まで現在の距離で九〇キロメートル、当時の距離になおすと二〇〇里。二〇〇里ごとに宮殿を建てると、襄国と鄴の間には建てられない。このことからも、『太平御覧』の引用する『鄴中記』が正しいことがわかる。

晩年の石虎は後継者問題に苦しんだ。太子の石邃《せきすい》は残忍な性格で、政治に関心はなく、石虎が鞭打つたびに父に対する憎悪を抱き、ついには殺意をあらわにした。これを知った石虎は石邃を殺してしまった。次に太子となった石宣は、父の寵愛を集めた弟の石韜《せきとう》を暗殺した。最後に立てたのが、まだ幼い石世だった。幼ければ反抗しないと考えたのだ。石虎が死んで、石世が即位したが、在位三〇日余りで異母兄の石遵《せきじゅん》に殺されてしまった。さらに石遵も石虎の養子石閔《せきびん》に攻め殺された。ここでも宗室軍事封建制の危険性が露呈した。

†前秦の建国

苻堅《ふけん》の祖父の洪は、略陽臨渭《りゃくようりんい》（甘粛省天水市）の氐人《ていじん》で、本姓を蒲氏《ほし》といい、この地で半農半牧の生活をおくる部族長だった。前趙ついで後趙につかえて西方の統治をまかされた。石虎が長安にせまると、苻洪は二万戸を率いて石虎に降服し、西方の氐や羌を後趙の首都鄴にうつすことを提案し、流民都督《りゅうみんととく》として氐・羌の移住民を統率した。三三八年、苻堅は鄴で生まれた。背中に赤い文様が浮かび上がり「草付臣又土王咸陽」の文字となった。苻（草付）堅（臣又土）が咸陽で王となるという予言である。苻堅も臂《ひじ》を垂れれば膝《ひざ》を過ぎたという。八歳で学問にはげみ、祖父は「おまえたち戎狄異類は代々酒を飲むことしか知らなかった。いまようやく学問を求めるようになったか」と喜んだという。

石虎の死後、後継者をめぐる混乱のなかで石閔が国を奪った（冉魏《ぜんぎ》）。そのとき苻洪も暗殺されてしまった。後事を託された息子の苻健は、三五一年、長安に入って天王・大単于を称して建国（前秦）し、翌年には皇帝に即位した。

三五五年に苻健が病死すると、三男の苻生《ふせい》が即位した。苻生は酒乱のうえに人殺しを好む暴君であったとされる。かつて孫の狂暴さをおそれた祖父の苻洪は、息子の苻健に「この子は狂暴だ。はやく殺してしまえ。さもなくば大人になったとき必ず国を亡ぼす」と告げ、苻健も殺そうとしたが、弟の苻雄が「この子は成長すれば心を改めるから、なにもいま殺すことはない」と反対したため、思いとどまった。遊牧的な尚武の精神があったのだろう。苻生は成長すると、猛獣と格闘し、馬のような速さで走り、剣と弓は超絶の腕前となった。長男の苻萇《ふちょう》が早死にしたため、三男の苻生が皇太子となり、ついで皇帝になった。

†苻堅の国家安定策

苻生は、三五六年に前涼を服属させ、翌年には羌族の姚襄《ようじょう》を倒し、姚氏集団を服属させた。しかし暴君的性格は治らず、気に入らない臣下たちを次々と殺したため、苻生を暗殺しようという動きも出た。そうしたなか、三五七年、苻堅は兄の苻法らとクーデターを実行して苻生を捕らえ、退位させたうえで殺した。

苻堅は即位すると大秦天王を称した。漢人の王猛《おうもう》を宰相に任じ、関中の灌漑施設の復興、匈奴や鮮卑を関中に強制移住させるなど、関中の生産復興に注力した。また官僚制度を整え、法制を整備して中央集権化をすすめた。王猛は苻堅の妻の弟が酒に酔って人民に危害をくわえたため捕らえて殺し、遺体を市場にさらした。このように皇族や豪族で処刑された者が二〇人にのぼった。そのため人々は震え上がり、豪族も息をひそめ、道に落ちている物を拾う者もなく、人民の教化は大いに行きわたった。これをみた苻堅は「われいまはじめて天下に法あり、天子が尊いものであることを知った」と言ったという。

三六〇年代おわりまで、国内の安定につとめた苻堅は、三七〇年以降、積極的に外征を行い、まず河北の前燕を滅ぼして遼東まで支配下におさめた。このとき前燕の戸籍を入手したが、それによると、郡は一五七、県は一五七九、戸は二四五万八九六九、口は九九八万七九三五。そのうち前燕の皇族など鮮卑四万戸、ついで漢人豪族と雑夷一五万戸を関中にうつした。翌年には甘粛西南の前仇池《ぜんきゅうち》を服属させ、三七六年には甘粛西部の前涼を滅ぼした。ここでも豪族七〇〇〇戸を関中にうつし、前涼の君主張天賜《ちょうてんし》を帰義侯に封じ、北部尚書に任命して移民を統治させた。さらに同年、拓跋部の代《だい》を滅ぼした。滅ぼされた拓跋部の代は、黄河を境に東西に二分され、東部を劉庫仁《りゅうこじん》、西部を劉衛辰《りゅうえいしん》がおさめ、尉・監を置いて部族民を管理した。

†淝水の戦い

華北統一をはたした前秦の人口は二三〇〇万人に達した。次なる目標は長江の南にある漢族王朝の東晋の平定と中華統一である。しかしこれに対しては、前秦国内でも意見が分かれた。多くの臣下は反対を唱えた。東晋は衰えたとはいえ、中華王朝であり、それを倒すにはそれなりの正当性が必要だとする意見が主流を占めるなか、わずかに夷狄の降将である慕容垂《ぼようすい》と姚萇《ようちょう》だけが遠征を支持した。そこで苻堅はついに遠征を強行した。苻堅はみずから遠征にむかえば、東晋は戦わずして降服すると考えていた。

ところが、東晋は淝水《ひすい》（安徽省寿県）に陣をしいて前秦を待ち構えていた。両軍が淝水をはさんで睨み合うなか、東晋の謝玄《しゃげん》は前秦の苻融《ふゆう》に使者をおくり、「そちらは持久の作戦を考えているようだが、もし陣を下げてくれれば、こちらは川を渡って勝敗を決する、それもよいではないか」と持ち掛けた。苻融がそれを苻堅に報告すると、苻堅は東晋軍が渡河してきたところを鉄騎で襲い掛かれば勝てると告げ、苻融は陣を後方にさげた。

しかし、この後退を敗戦と思い込んだ前秦軍は相乱れ、そこに東晋軍が襲い掛かって、大敗を喫した。苻融は戦死し、苻堅も流れ矢にあたって負傷しながらも、慕容垂の軍に保護され長安にもどった。苻堅の敗戦を知り、その支配下にあった鮮卑や羌などがつぎつぎと自立し、前秦は崩壊した。

†前秦の先進性

五胡十六国のなかで唯一、華北全域を支配した前秦は、多くの民族を抱えることになった。それらをどのように統治していくのかを問われた最初の国家といえる。

前秦は支配者である苻氏一族を抑制する一方で、諸民族を優遇する政策をとった。苻氏一族をはじめとする氐族一五万戸を各地の要地に住まわせる一方、服属した民族の首長は関中に移住させたうえで、官爵を与えて政権に取り込んだ。この政策に対して苻融は、

「陛下は鮮卑・羌・羯を寵愛し、畿内に住まわせておりますが、同族は遠方にうつされていま す。もし反乱がおこれば、国家はどうなるでしょう。首都には数万の弱兵しかおらず、かえって鮮卑・羌・羯は林のごとく群れ集まっています。これらは反逆者で、われらの仇なのです」

と忠告したが、苻堅には届かなかった。

苻堅には、「朕は天下を一家としており、夷狄も赤子に同じ」という理想があった。三崎良章はそれを民族の枠組みを越えた中国統一の理想とする。多種多様な人々をまとめるという課題に取りくんだ苻堅が実行した政策は、北魏が応用実践して成功する。

2　拓跋国家

†併合と離散の国家成立

三世紀中ごろ、内蒙古南部（フフホト周辺）において勃興した鮮卑の拓跋部は、神元帝《しんげんてい》（力《り》微《び》）のもと部族国家を形成し、三国魏・西晋に息子沙漠汗《さばくかん》を人質として送り、和親した。拓跋部では、神元帝（力微）以降、君主が世襲され、その地位を確立すると同時に、周辺の部族を併合しながら、勢力を拡大していった。

しかし成長の過程は必ずしも順調とは言えなかった。君主が世襲化されたとは言え、部族の統合はもろく、問題が生じるとすぐに部族が離散してしまう危険性を常に抱えていた。また逆に優れた君主がたつと、離散した部族がもどってくる。これを繰り返しながら、徐々に勢力を拡大していったのである。

三一〇年、山西で白部《はくぶ》と鉄弗部《てつふつぶ》が反乱を起こして、雁門郡《がんもんぐん》と新興郡《しんこうぐん》を攻めた。当地を管理する西晋の并州刺史劉琨《へいしゅうししりゅうこん》は、穆帝《ぼくてい》（猗盧《いろ》）に救援をもとめた。穆帝は弟の子の平文帝《へいぶんてい》（鬱律《うつりつ》）に二万騎を率いさせて劉琨を助け、白部と鉄弗部を撃退した。この功績により、西晋の懐帝から大単于・代公に封じられ、句注山以北の土地をもらった。このあとも劉琨とともに平陽の劉聡

（匈奴漢）を討つ約束をしていたが、拓跋国家内にいる匈奴の雑胡（羯）一万戸が、石勒（後趙）に合流しようとしたため、それを抑えることに手一杯で、劉聡討伐は中止となった。

三一五年、代王に爵位を進められた穆帝は、劉聡と石勒を平定しようと、部族内の統制を強化し、軍規を遵守させようとしたが、反発した息子に殺された。それにともない拓跋国家（代国）にいた晋人（漢族）と烏桓三〇〇〇戸が離反した。

その後、平文帝（鬱律《うつりつ》）が即位した。平文帝は勇壮な姿と知略を兼ね備え、侵攻してきた鉄弗部を撃退し、西は烏孫《うそん》（天山北部）、東は勿吉《もつきつ》（遼東北部）までおさえて、騎兵一〇〇万を有した。前趙の劉曜が西晋の愍帝《びんてい》を殺害すると、平文帝は「南夏」を平定する意志を示した。拓跋部は中華世界のことを「南夏」と称した。平文帝に人望が集まるとわが子に王位が回ってこないと思った桓帝の妃の祁氏《きし》は、平文帝を暗殺し、あわせて数十人の部族長も殺した。

こうして祁氏の子の恵帝《けいてい》（賀傉《がじょく》）が即位したが、幼かったため祁氏が政治を代行し、後趙に使者を派遣して和親した。後趙はこれを女国使と称した。恵帝は即位四年目に親政をはじめたが、諸部族を十分に従えていなかったため、東木根山（張家口市の北）に本拠をうつし、翌年死去して弟の煬帝《ようてい》（紇那《こつな》）が即位した。

拓跋部の混乱に乗じて石勒が侵攻してきた。煬帝は句注山の北で防戦したが、敗れて大寧《だいねい》（張家口市）にうつり、さらに東の宇文部《うぶんぶ》に逃れた。かわって賀蘭部《がらんぶ》に擁立された平文帝の長男烈帝《れつてい》（翳槐《えいかい》）が即位すると、弟の昭成帝《しょうせいてい》（什翼犍《じゅうよくけん》）を後趙に人質としておくり和親を求めた。かくて昭成帝は五千家を連れて後趙の首都襄国にいった。このあと拓跋部では宇文部と組んだ煬帝と後趙と組んだ烈帝が争い、敗れた煬帝は慕容部に逃れた。勝利した烈帝も一年後に死去した。烈帝は臨終の際、後趙にいる昭成帝を呼び戻すように遺言し、昭成帝が迎えられた。

†昭成帝の改革

三三八年、代王に即位した昭成帝は「建国」という元号を建てた。元号を建てるというのは、中華世界では皇帝の冊封から脱して自立することを意味する。翌年には官僚機構を整備した。この官僚機構は代王の側近官で、定員はなく多いときには一〇〇人にもなった。代王の天幕に宿直し、命令を伝達する。部族長および豪族良家の子弟から、立ち居振舞いの美しく、才能ある者が選抜された。さらにその中から代王の顧問として内侍長（四人）、左長史・郎中令などがおかれ、また代王の護衛として都統長・幢将・三郎衛士などがおかれた。

なお昭成帝の側近には、燕鳳《えんほう》や許謙《きょけん》といった漢人も仕えたが、二人とも陰陽・讖緯《しんい》・天文に明るかった。これは未来を予知する能力で、昭成帝は二人の予知能力に期待したが、北魏の道武帝・明元帝・太武帝に仕えた崔浩《さいこう》も陰陽術数・天文に通じ、予知能力により軍国の大謀に関与した。なお予知能力とはいうものの、その実態は情報収集である。

また服属した部族を統治するために南北二部大人《たいじん》を設置した。これは慕容部が大単于のもとに複数の部俟釐《ぶしり》を置いて管理する制度を採用したものだと考えられる。俟釐《しり》・俟懃《しきん》（イルキン）は部族長を意味する鮮卑語で、それを大人と漢訳した。

昭成帝は即位二年目（三三九年）、夏五月、部族長たちを参合陂《さんごうは》にあつめ、灅源川《るいげんせん》に首都を建設することを提案し、連日話し合ったが決まらなかった。そこで母の王氏が「わが国はむかしから遊牧を生業《なりわい》としてきた。いまは難局を乗り切ったばかりで、基盤も固まっていない。もし城郭を築いて定住すれば、敵が攻めてきても、すぐには動けない」と反対し、首都建設は中止となった。このエピソードからも遊牧社会における母親の影響力の大きさがわかる。

三五一年、後趙で冉閔《ぜんびん》がクーデターを起こして皇帝に即位すると、昭成帝はみずから出兵して「四海を廓定《かくてい》」、すなわち天下を平定しようと、諸部族に命令を出して部族を率いて出撃の準備をさせた。しかし部族長たちは「いま中州《ちゅうしゅう》は大いに乱れている。これはまことに進取すべき状況である。だがもし豪強があちこちで立ち上がれば、一挙に平定することはできない。それで留まることになって一年を過ぎれば、永久の利はなくなり、損耗する憂いが残ります」と反対したため、中止した。

このあとの昭成帝は、慕容部の前燕と婚姻関係をむすび、三六三年、モンゴル高原にいる高《こう》車《しゃ》を討って捕虜一万人、馬牛羊一〇〇万頭を獲得した。また三六七年には、オルドスにいた鉄弗部の劉衛辰を討って、捕虜と馬牛羊数十万頭を獲得した。このとき黄河をわたるため葦《あし》を浮かべて氷結させて浮き橋をつくり、劉衛辰の不意をついて敗走させている。敗れた劉衛辰は前秦の苻堅に助けをもとめ、それに応じた苻堅が苻洛に二〇万の軍勢を率いさせて侵攻してきた。不利と判断した昭成帝は陰山の北、ゴビをこえて避難したが、高車に攻められてふたたびゴビの南へ戻り、混乱のなか息子の寔君《しょくくん》に殺された。代国は前秦の支配下に入り、鉄弗部劉衛辰《てつふつぶりゅうえいしん》と独孤部劉庫仁《どくこぶりゅうこじん》とに分割統治された。

昭成帝はかつて人質として後趙の襄国にいたことがあり、そこで石勒・石虎の国家制度について学んだ。帰国後、代王に即位すると、元号を建て、官僚制度を整え、首都を建設しようとした。これらは後趙をモデルとしたものだと思われる。それにより代王の権力は高められ、代国は強国となったが、華北のほぼ全域を支配した前秦に敗れ去った。しかし前秦が淝水《ひすい》の戦いで東晋にやぶれ、支配下の民族が自立するなか、代国も復活をはたす。

†北魏の道武帝

三八六年正月、昭成帝の孫の道武帝（珪《けい》）が代王に即位し、天を祭り、牛川《ぎゅうせん》（内蒙古ウランチャップ）で諸部族を集めて大会した。道武帝の即位をバックアップしたのは、母親の出身部族である賀蘭部のリーダー賀訥《がとつ》で、賀訥は道武帝が「大国の世孫」であり、代国を復興させることが賀蘭部にとっても利益になると考えた。

道武帝はその後、一〇年をかけて周辺部族を削っていく。三八七年、独孤《どくこ》部《ぶ》劉顕《りゅうけん》を討って敗走させ、その部族を吸収。三九〇年、賀蘭部《がらんぶ》・紇突隣部《こつとつりんぶ》・紇奚部《こつけいぶ》を意辛山《いしんざん》に攻めて大破した。その後、賀訥は鉄弗部にも攻められたため、道武帝に降服して東方にうつされた。また紇突隣部と紇奚部の部族長も道武帝に降服した。三九一年、オルドスの鉄弗部劉衛辰を攻めて敗走させ、劉衛辰の宗族五〇〇〇人を殺害し、珍宝・名馬三〇万匹、牛羊四〇〇万頭を獲得し、それを諸将に分配した。

三九五年、後燕の慕容垂が攻めてきたが、これを参合陂《さんごうは》で撃破して、文武の官僚数千人、兵器輜重など十余万計を獲得。捕虜のなかから有能な人材を抜擢して、有職故実を整備させた。そのなかの一人である晁崇《ちょうすう》は天文術数に明るく、渾儀《こんぎ》（天体観測器）をつくった。道武帝は、翌年から後燕遠征を開始し、三九七年に中山《ちゅうざん》を陥落させて、皇帝の璽綬・図書・珍宝を獲得し、諸将に分配した。翌年、首都の鄴に入城した道武帝は、立派な宮殿をみてここに遷都しようとしたが、結局、行台（臨時行政府）を置いて五〇〇〇人の兵士を駐屯させて戻り、旧後燕の漢人と慕容部・高句麗など雑夷三六万人と百工伎巧一〇万人を平城（山西省大同市）に移住させた。

最大のライバルであった後燕の慕容部を平定し、皇帝の璽綬を手に入れた道武帝は、国号を魏と定め、平城に宮殿・宗廟《そうびょう》・社稷《しゃしょく》を建設し、畿内と郊甸《こうでん》を定め、官制・爵制・律令・音楽を整備したうえで、その年の一二月、皇帝に即位した。

†八国と代人

道武帝は代王に即位してから遠征につぐ遠征で、周辺の部族を平定していったが、平定した部族を首都周辺の畿内とその外側の郊甸《こうでん》に配置して、それを八国《はちこく》という八つのブロック（東西南北天地中国）に分けて管理した。それぞれのブロック長を部大人《ぶたいじん》という。元萇《げんちょう》墓誌に「太和十二年、俟懃曹《しきんそう》を改めて司州を置く」とあり、俟懃曹とは、部族長を管理する部署である八国のことで、それを太和一二年（四八八）に廃止して司州（首都のある州）を置いた。つまり孝文帝の洛陽遷都前（北魏前期）まで、首都周辺には八国が置かれていたことがわかる。

また畿内に住む人を代人《だいじん》と呼び、代人から有能な人材を選んで内朝という皇帝の側近官につけた。代人は北魏のエリート集団であり、戦争で獲得した人や家畜を優先的に分配される利益共同体でもあった。

北魏が前秦と違うのはここである。前秦は中核をなす苻氏をはじめとする氐《てい》族を各地の要所に分駐させ、かわりに征服した鮮卑と羌を首都周辺に配置し、将軍などに抜擢した。そのため淝水の戦いで敗れたあと、鮮卑や羌の反乱をおさえることができずに崩壊した。一方、北魏は拓跋氏をはじめとする拓跋部は畿内におき、さらに征服した諸部族は畿内と郊甸の指定した場所に住まわせ、それを八国で管理した。と同時に、畿内に住む人々を「代人集団」として編成し、支配者集団を形成した。代人集団には漢人も加わり、これにより部族・民族の枠をこえた統合がはかられた。

これまで北魏と五胡十六国の違いは、初代の道武帝が部族を解散して、中国の皇帝制度を採用したからだと説明されてきた。しかし北魏前期、部族は解体されてはいなかった。拓跋可汗《かがん》(遊牧君主の称号)のもと再編され、八国で管理したのである。その証拠に、道武帝や太武帝のころ、部族を率いて従軍する代人がいたことが、北魏の歴史書『魏書』にみられる。また拓跋氏の宗室が諸王として軍隊を率いる宗室軍事封建制も見られる。よって、北魏前期は五胡十六国の諸国と基本的には変わらない国家体制であった。違うのは代人集団という支配者集団を創出したことである。

そして代人の統合を象徴するものが、国号の

大代萬歳瓦

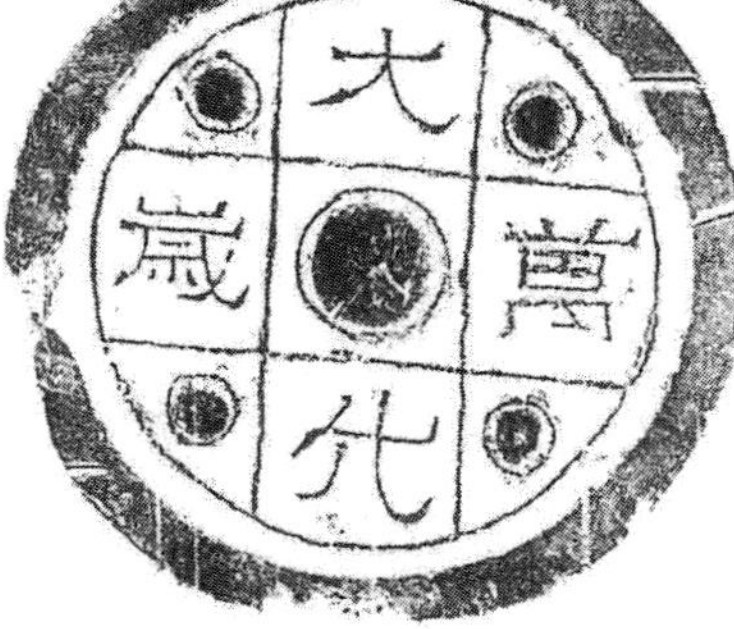

王雁卿・高峰「北魏平城瓦当考略」『文物世界』2003 年第 6 期

「大代」である。北魏は三九八年に国号を「魏」と定めたが、その後も「代」の国号も使用され つづけた。とくに北魏前期は「代」の国号が「魏」よりも多く使用され、平城の宮殿の軒丸瓦にも「大代萬歳」と書かれ、平城は「代都」と呼ばれた。また南朝から亡命してきた司馬金龍《しばきんりゅう》の墓誌にも「代」、北涼からきた宋紹祖《そうしょうそ》の墓誌にも「大代」と記されており、北魏の官僚たちは自分の所属する国家を「大代」と認識していた。

†内朝

北魏皇帝の側近官は、内朝と呼ばれる。内朝には、宗室・八国・州郡のそれぞれにおかれた師という担当者が、部族長の子弟や豪族良家の子弟から、有能な者を選んで任官させた。選ばれた者は見習いからスタートし、昇進していく。ほとんどが遊牧系で占められるなか、漢人のエリートも就任している。ただし、鮮卑語が使えることが条件である。

内朝を構成する官職には、内行内小《ないこうないしょう》のように内が語頭につくもの。胡洛真《こらくしん》のように真が語尾につくもの。白鷺《しらさぎ》のように動物にたとえて命名されたもの。三郎幢将《さんろうどうしょう》・中散《ちゅうさん》のように中国的な名称になっているものなどがあるが、そのほかにも漢族王朝における侍従官である侍中《じちゅう》や散騎常侍《さんきじょうじ》、さらには中常侍《ちゅうじょうじ》のような宦官までもが内朝を構成していたことが、一九八〇年に発見された「文成帝南巡碑」の分析から判明した。この碑の裏側には、皇帝の巡幸に参加した官僚の名簿が刻まれていたが、その最上段左端に「右五十一人内侍之官」と書かれていた。その右側に列挙された五一人の官職をみると、侍中・散騎常侍・中常侍・内行内小があり、これら高位の官職を持つものが、内朝の中枢を占めたことがわかる。

一方、漢人を統治するために、魏晋にならった官制を導入しているが、運用にあたっては独自の方法をとっている。行政機構である尚書諸曹には、代人令史一人・訳令史一人・書令史二人が置かれた。代人令史は代人から選抜された令史で、訳令史は通訳官、書令史は書記官である。通訳官がいることから、代人令史は鮮卑語を使用していたことがわかる。また地方行政においても、州郡県それぞれに三人の長官が配置されている。その内訳は、宗室一人、異姓二人となっていて、拓跋氏による監視体制がとられた。

†西郊祭天

道武帝は皇帝即位の翌年正月、平城の南郊で上帝を祭った。これは中華皇帝として、天を祭る重要な祭祀である。皇帝は天子とも称されるが、それは天にいる上帝から天命をうけて地上を支配するからである。上帝を祭ることは、中華の正統な支配者であることの証明になる。

一方、北魏では、旧暦の四月に平城の西郊で天を祭る儀礼が行われていた。これは神元帝期から行われてきた遊牧的伝統にもとづく祭祀である。この西郊祭天《せいこうさいてん》の儀礼で重要な役目をはたすのが、壇上におかれた七つの木主で、七つの木主は、拓跋氏から分かれた七族をあらわす。この祭祀がもともと拓跋氏と七族との結束を高める目的ではじまった祭祀であることを物語る。その祭祀に参加することで、参加者は拓跋氏との一体感を感じるものとなっていた。

†季節移動

道武帝以降の北魏前期の皇帝は、后妃や官僚をつれて季節移動をしていた。四月に平城で西郊祭天を行ったあと、六月に陰山にでかけ、狩猟をしたり、当地の部族長をねぎらったり、高車から牛や馬の貢納を受けた。七月に陰山またはオルドスで講武（軍事演習）を行い、八月に平城にもどる。九月末から一〇月初め、白登山の西にある祖先の廟を祀り、あわせて天神などを祭る。このとき平城の北側にもうけられた鹿苑《ろくえん》に集められた家畜を臣下に分け与える。一一月から二月は河北にいき、三月に平城にもどる。

北魏皇帝の季節移動は、孝文帝の頃になると行われなくなる。北魏は太武帝期までの征服戦争によって、多数の家畜と奴隷を獲得した。その獲得した家畜と奴隷は、北魏の支配者たちに分配された。支配者たちはそれら家畜と奴隷を元手に、農業・牧畜・手工業の経営をはじめた。『南斉書』魏虜伝には、北魏の皇太子が婢千人に絹織物を織らせて販売し、酒をつくり、豚・羊を養い、牛・馬を牧畜し、野菜を植えて、利益をあげたと書かれている。

このように北魏の支配層は奴隷と家畜をつかって生産活動を行い、それが軌道に乗り出した。そのため孝文帝の頃には、陰山に出かけていって、高車から家畜を受け取ったり、狩猟で家畜を得る必要がなくなった。

†金人鋳造

皇帝にはパートナーとして皇后が必要であるが、皇后選定には、北魏独自のルールが存在した。『魏書』皇后伝には、「北魏の故事として、皇后を立てる際には必ずみずから金人《きんじん》を鋳造し、完成した者を吉とし、完成しなければ皇后にはなれなかった」とある。

金人（金属製の人形）を自分の手で鋳造し、完成すると「吉」と判断された。吉と判断するのは神であるから、皇后選びは神の判断によるものである。遊牧国家における后妃の称号は一つしかない。例えば、匈奴の場合は閼氏《あつし》、鮮卑は可敦《かとん》、突厥《とっけつ》は可賀敦《かがとん》、モンゴルはハトゥンと称される。后妃の称号が一つというのは、制度上はみな対等であることを意味する。一方、中国の后妃は、皇后・三夫人《さんふじん》・九嬪《きゅうひん》・二十七世婦《にじゅうしちせふ》・八十一御女《はちじゅういちぎょじょ》と階級に分かれている。もともと対等関係にある后妃のなかから、一人だけを選ばなければならない。そこで北魏では金人鋳造の儀式を通して、神から選ばれたとしたのである。

皇后を選ぶときには、複数の候補者を一同に集めて金人鋳造をさせるのではない。あらかじめ皇后にしたい女性に金人をつくらせる。めでたく完成すれば皇后にたてる。もし完成しなかったら、別の女性に金人鋳造をさせるか、皇后は置かない。

道武帝は劉氏に金人鋳造をさせたが完成できなかった。つぎに慕容氏にさせて完成したので、皇后にたてた。一方、明元帝は姚氏《ようし》に金人鋳造をさせたができなかったため、ついに皇后はおかなかった。献文帝も一一年間皇后は不在で、孝文帝も在位二八年のうち、皇后が存在したのは最後の六年間だけ。皇后が空位であったことは、皇后がいなくとも問題がなかったのである。

†子貴母死

皇太子選びにも北魏独自のルールがある。それが子貴母死《しきぼし》である。内容は、後宮の女性が子を産み、その子が後継者に選ばれると、生母は死を賜うというもの。残酷な話ではあるが、なぜこの制度ができたのか。道武帝によると「むかし前漢武帝が子を立てるときに母親を殺し、母親がのちに国政に参与し、外戚が政治を乱さないようにした。お前は跡継ぎになるのだから、わしも前漢武帝と同じことをして、長くつづく計とする」と言っている。

皇太后と外戚が政治に関与しないようにするのが、この制度の目的である。部族国家時代には、母親が政治に介入する場面があった。祁氏《きし》が平文帝を暗殺したり、昭成帝の母の王氏が首都建設に反対した事例がそれにあたる。道武帝も母親の出身部族（外戚）である賀蘭部のおかげで代王に即位できた。母親や外戚の影響力の強さを肌で感じていたであろう。

皇帝権力を強化するためには、皇太后や外戚の影響力を排除する必要があったと言われれば、なるほどと思う。しかし、この制度にはもう一つの目的があった。それは生前に後継者を決定することである。部族国家時代の後継者は、先代君主が死去したあとに選ばれた。そのため必ずしも自分の子が継ぐとは限らない。道武帝は確実に息子につがせるために、あらかじめ後継者を決定したのである。生母が死ぬという代償をはらうことで、後継者決定が覆らないという覚悟を示した。

子貴母死で殺された生母（帝母）は、諡《おくりな》と皇后を追贈され、太廟（歴代皇帝を祀る施設）に配される。北魏の皇太后は、制度上は皇帝の母ではあるが、実際には血のつながりはない。皇帝の生母は子貴母死により殺されてしまうが、国家祭祀においては、皇太后よりも生母が正式な皇后とされ、皇帝陵である金陵《きんりょう》に埋葬され、太廟にも皇帝の正妻として祀られる。これは遊牧社会における「尊母」思想の現れであると鄭雅如は指摘する。

一方で、北魏前期の皇后・皇太后は、遊牧社会の「尊母」文化の影響をうけ、政治に参加する権利が認められていた。そのため子貴母死によって生母がいなくなっても、義母が皇太后として政治権力をもった。生母が亡くなったあと、乳母や保母が養育にあたり、皇太子が皇帝に即位すると、養育の恩にむくいるために乳母・保母に保太后の称号があたえられ、さらに皇太后になった。しかもそれが単なる称号だけにとどまらず、政治的発言権を有した。その意味では、母親の政治介入を除くという当初の目的は形骸化していった。その典型的な事例が文明太后である。文明太后はすでに皇太后であったが、孝文帝を養育することで、他の女性が保太后となるのを阻止し、政治権力を掌握した。なお保太后から皇太后になった太武帝の保母竇《とう》氏《し》は、本人の希望によって崞山《じゅんざん》に葬られた。その理由として彼女は「わたしは皇帝を母養し、神を敬い人を愛した。もし死んでも不滅であるなら、必ず賤鬼にはならない。しかしながら先朝にはもとより位次はなく、礼に違って園陵に陪葬されるわけにはいかないから、この山を墓とする」と言っている。皇太后ではあっても、金陵に埋葬され、太廟に祀られる存在ではなかった。だから別の場所に葬られ、寝廟と頌徳碑が建てられた。おなじく文成帝の乳母常氏も、本人の意思で広寧の磨《ま》笄山《けいざん》（鳴雞山《めいけいざん》）に葬られ、寝廟と頌徳碑が建てられ、墓守が二〇〇戸おかれた。

皇太后が皇帝の代理として政治を動かすことは、中華王朝でもよくみられた。しかし中華王朝の皇太后の臨朝は、あくまで皇帝が成人するまでの代理であって、成人後は権限を皇帝にかえす。しかし北魏の皇太后は、皇帝との共同統治者であって、成人しても権限をかえす必要はない。これは遊牧的女主政治の一形態であると鄭雅如はいう。

ただ女主として君臨した文明太后であっても、金陵に埋葬され、太廟に祀られることはなかった。文明太后も保太后の先例に従い、平城北の方山《ほうざん》に巨大な永固陵《えいこりょう》を築いた。孝文帝の陵墓がその横に築かれたのは、「二聖」として共同統治してきた文明太后への、孝文帝なりの「尊母」の現れであろう。

†真人代歌

北魏前期には真人代歌《しんじんだいか》というものがあった。この歌は拓跋部のはじまりから、その後の興亡の歴史を鮮卑語の歌にしたもので、全部で一五〇章あった。朝晩、後宮の宮女が歌い、西郊祭天などの遊牧祭祀や宴会のときも、管弦楽器の演奏とともに歌われた。この歌は北歌として、北魏以降、北周・隋では西涼楽（亀茲の音楽）と一緒に演奏された。唐では五三章が残っていたが、そのうち題名がわかるものが慕容可汗《ぼようかがん》・吐谷渾《とよくこん》・部落稽《ぶらくけい》・鉅鹿公主《きょろくこうしゅ》・白浄王太子《はくじょうおうたいし》・企喩《きゆ》の六章。企喩は前秦の苻融の作と言われ、その歌詞は、

男児は健ならんと欲す、伴《とも》を結ぶに多きを須《もち》いず。
鷂《たか》子　天をへて飛べば、群雀《むれすずめ》　両向に波だつ。
男児は憐《あわ》れむべき虫ぞ、門を出づれば死の憂《うれ》いを懐《いだ》く。
尸《しかばね》は狭谷のなかに喪《ほろ》び、白骨は人の収《おさ》むるなし。

北魏の兵士は馬上でこの歌を歌いながら戦場にむかった。

†太武帝の華北統一

太武帝は、オルドスを支配していた夏《か》、遼西の北燕《ほくえん》、甘粛西部の北涼《ほくりょう》、甘粛南部の後仇池《こうきゅうち》を平定して華北統一をはたした。これにより五胡十六国はおわり、北朝にはいる。太武帝は征服した国の住民を平城に強制移住させている。

北魏では、明元帝と太武帝のとき、畿内と郊甸を取り囲むかたちで長城が建設された。この長城は畿内を囲むという意味から「畿上塞囲《きじょうさいい》」と呼ばれた。畿内と郊甸は、服属した部族が居住する北魏の生命線である。そこを外部から守ること、と同時に外部に出さないという二つの目的があった。

北魏は畿内・郊甸のある農牧境界地帯に軸足をおいて、中華世界を支配した。いわゆる征服王朝といわれる遼・金・元・清に先駆けて実践した最初の遊牧王朝である。五胡諸国は馬の供給地である農牧境界地帯をはなれ、中華世界に入りすぎたために短命におわった。

†孝文帝の漢化政策

孝文帝の漢化政策について、「高校世界史」では、胡語・胡服・胡姓を漢人風に改める政策と説明される。遊牧的伝統をみずから放棄して、漢人と同化したというイメージで語られることが多いが、それは誤解である。胡語・胡服・胡姓は洛陽に移住した一部の支配者に対して、朝廷（政治の場）での共通ルールとして採用したものであり、北魏にいる遊牧民全体に対して強制したものではない。胡姓を漢姓に改めた政策などは、孝文帝とともに洛陽に移住した胡族の有力者に対する恩典という意味合いがつよい。

孝文帝の政策の目的は、胡族と漢族をあわせた支配者層を形成することであった。そのために胡族の家柄と漢族の家柄を国家が決定し、おなじランクの胡族と漢族の通婚を奨励した。これにより胡族と漢族をあわせた中華の人士をつくろうとしたのである。

ただこの政策は、洛陽移住者を優遇することとなり、北方に残った人々は疎外感を感じた。とくに柔然《じゅうぜん》対策として北辺に住まわされた匈奴や高車の人々は、北魏前期においては、首都平城を守る重要な位置を占めることで重視され、軍人として出世する道もあった。しかし、洛陽遷都後は、北の辺境として重要性は低下し、さらに軍人として出世する道もなくなり、搾取されるだけの存在となった。そこに柔然の掠奪がかさなり、ついに反乱を起こすにいたった。これが六鎮《りくちん》の乱である。この反乱のなか、六鎮から流れてきた人々が、次の時代を切り開いていく。

3　柔然と南朝

†柔然という称号の意味

華北を支配した北魏は、みずからを中華の正統な支配者と主張した。そのため北方に台頭した柔然を、太武帝は侮蔑の意味をこめて、蠢《うごめ》く虫のようだとして蠕蠕《ぜんぜん》と称した。また南朝に対しても島夷《とうい》と称して蔑視した。

柔然のはじまりについて、『魏書』蠕蠕伝には、次のような話として伝わる。神元帝の末年（二七〇年ごろ）、一人の奴隷を捕まえた。頭がハゲていたことから木骨閭《もくこつろ》（ハゲ頭）と呼ばれた。木骨閭と郁久閭《いくきゆうろ》の音が似ていることから郁久閭を姓とした。木骨閭は壮年となると奴隷から解放されて騎兵となったが、期日に遅れたため処罰をおそれて紇突隣《こつとつりん》部に逃れた。

木骨閭の死後、子の車鹿会《しやろくかい》は雄健だったことから、人々から部族長に推戴され、柔然と称した。このころ柔然は、冬はゴビの南にきて、夏はゴビの北へ移動する生活をおくり、拓跋部に貂《てん》の毛皮を貢納した。

四世紀末、部族長となった社崘《しやろん》のもと、軍法を整備して一〇〇〇人を「軍」、一〇〇人を「幢《どう》」とする遊牧社会伝統の十進法編成を採用し、北はバイカル湖、南はゴビ、東は朝鮮、西は焉耆《えんき》（新疆カラシャール）までを支配した。鮮卑の檀石槐《だんせきかい》以来、三〇〇年ぶりの草原世界の統一をはたしたのである。そこで社崘は「丘豆伐可汗《きゅうとうばつかがん》」と称した。丘豆伐とは「駕馭開張（馬を駆って自由に駆け回る）」という意味である。遊牧国家の君主号として、可汗を最初に使用したのは、柔然の社崘とみられる。可汗の称号はそれ以前にもあったが、皇帝と同格の称号として使用したのは彼が最初である。カガンの称号は、その後、突厥・鉄勒《てつろく》でも使用され、モンゴルではカン（汗）・カーン（大汗）となった。

北魏と柔然の関係は、柔然が強盛のときは北魏に侵攻し、衰弱したときは和親を求めた。太武帝のとき可汗となった呉提《ごてい》は、敕連《ちょくれん》（神聖の意味）可汗と称して朝貢してきた。太武帝は西海公主を呉提に嫁がせる一方で、呉提の妹を後宮にむかえ左昭儀《さしょうぎ》（皇后につぐ地位）とした。しかしまもなく呉提が北魏に侵入してきたため和親は反故《ほご》となった。このあと柔然はたびたび通婚を求めてきたが、北魏は許さなかった。また柔然は南朝と連携して北魏を挟撃しようと、たびたび南朝に使者を派遣して、南朝もそれに応えて使者を柔然におくり、柔然を羈縻《きび》した。なお南朝は柔然を芮芮《ぜいぜい》と称した。

柔然に対する呼称の違いについて、杉山正明は、各王朝の柔然に対する心情が反映されているとする。柔然とは、モンゴル語のツェツェン（賢明）、ジュシュン（法則）、ジョジン（異国人）の音訳であるとされるが、正確なことはわかっていない。それを北魏では柔然（よわよわしい）と呼んだ。太武帝はさらに憎しみをこめて蠕蠕《ぜんぜん》（虫がうごめく）とした。対して南朝は、芮芮《ぜいぜい》（草がしげる）とニュートラルな語感で表現した。北斉・北周・隋では茹茹《じょじょ》（ゆでた野菜。そこから転じてやわらかくて腐りやすい、むさぼり食らう、臭い）と称し、そこに強烈な侮蔑感が漂うとする。

北魏孝明帝の熙平元年（五一六年）につくられた楊播《ようはん》墓誌に茹茹の記載があることから、このころ蠕蠕から茹茹に変更されたことがわかる。羅新《らしん》は宣武帝のとき柔然の他汗可汗《たかんかがん》（緒の意味）の伏図《ふくと》が使者を派遣して和親をもとめてきて以降、北魏と柔然の関係は改善された。そこでそれまでの蔑称の蠕蠕を茹茹に変更したとする。

東魏のとき高歓の息子高湛《こうたん》（八歳）に嫁いだ柔然の公主（五歳）は一三歳で病死したが、彼女の豪華な墓から見つかった墓誌には「茹茹公主閭氏墓誌銘」と書かれていた。もし茹茹に「臭い」とか「むさぼり食う」という意味があるとしたら、茹茹公主は臭い姫・大食い姫という意味になる。東魏と西魏は、柔然の援助を得るために使者を派遣し、婚姻関係を取り結ぼうと躍起になっている。ようやく得た公主を侮蔑的な意味で呼ぶとは思えない。茹茹に侮蔑の意味はなく、「やわらかな」といった好意的な意味であったと思う。

一方、北魏と南朝との関係は、北魏は南朝を「島夷（島に住む野蛮人）」、南朝は北魏を「索《さく》虜《りょ》（辮髪の野蛮人）」と互いに蔑視していたが、他方で、北魏を北帝、東晋を南帝とする一面もあった（『魏書』天象志）。両国の間には使節の往来があり、北魏からは貂裘《てんきゅう》・駱駝《らくだ》・馬・葡萄《ぶどう》酒などが送られ、南朝からは酒・甘蔗《かんしょ》・蠟燭《ろうそく》・蜜柑《みかん》が送られた。北魏が南朝に蜜柑を求めたのは、朝貢国からの貢物として蜜柑を納めさせることで、南朝が北魏に朝貢する島夷であることを演出しようとしたからである。一方、南朝は、北魏と軍事的に対抗するために必要な馬を求めたと堀内淳一はいう。

†仏教の隆盛

仏教が中国社会でひろく普及するのは、四世紀ころからで、五胡十六国時代に涼州（甘粛省）に政権を建てた国が西域経営を熱心にすすめたことが関係している。なかでも前涼は仏教保護政策をすすめ、亀茲《きじ》・鄯善《ぜんぜん》を支配し、焉耆《えんき》・于闐《うてん》と交渉をもった。これにより涼州が仏教の中心地となった。仏図澄《ぶっとちょう》・鳩摩羅什《くまらじゅう》など、五胡十六国時代に中国にきた西域出身の僧侶は、みな涼州を経由して中原《ちゅうげん》に入った。

北魏が北涼を平定すると、涼州から多くの僧侶が平城に移住させられた。そして涼州の僧侶が中心となって、雲崗石窟《うんこうせっくつ》がひらかれた。雲崗石窟のなかで、最初に開かれた曇曜《どんよう》五窟の仏像は、涼州様式（一六窟だけ中国式）と呼ばれる。石窟は寺院の一形態で、インドにはじまり、中央アジアを経由して涼州に伝わり、前秦のころ敦煌莫高窟《とんこうばっこうくつ》が開かれた。その後、甘粛から陝西へと伝わり、南北朝時代には、中国各地で多くの石窟が開かれた。

北魏の洛陽には千を超える寺院があったと『洛陽伽藍記』には書かれているが、大伽藍だけでも五〇を超える。大伽藍の多くは、皇后や宦官によって建てられたものである。四月八日の降誕会《ごうたんえ》には、洛陽の各寺から担ぎ出された仏像が街中を練り歩き、寺の門前では異国人によるサーカスが演じられ、見物人でごった返した。地方の村落でも邑義《ゆうぎ》という仏教信者の団体が、お金を出し合って仏像を建立するなど、地域社会にも着実に根付いていった。

北魏には実権をにぎった二人の皇太后がいる。文明太后《ぶんめいたいこう》と霊太后《れいたいこう》である。この二人には共通点がいくつかある。一つ目は、二人とも「二聖」と称されたことである。皇帝と皇太后の共同統治を「二聖」と当時の人たちは表現した。二つ目は、二人とも幼いころ叔母から仏教の教えを学び、その後も熱心に仏教を信奉していることである。仏教の隆盛と女性権力者の登場には関係がありそうである。

二人とも皇太后となったが、文明太后と孝文帝には血のつながりはないが、霊太后と孝明帝は血のつながった母子であった。皇太子の生母が殺されるという子貴母死は、孝文帝の次の宣武帝のときに廃止されたため、孝明帝を生んだ霊太后は殺されなかった。ただ宣武帝には高皇后がいて、孝明帝が即位したときには高皇后が皇太后となった。霊太后は高太后を出家させて、みずから皇太后となったのである。

四世紀はじめ、山西匈奴が自立して以降、中華世界に夷狄の王朝がいくつも建国された。五胡十六国時代、胡族君主は胡族と漢族をどのようにおさめるか、試行錯誤をかさねた。そのなか鮮卑の拓跋部が長期的支配を達成する。北魏は胡族と漢族をそれぞれ別々の統治機構で統治したが、孝文帝のときにそれを中華王朝として一つに統合した。ただし、これは胡族が一方的に漢族に同化したのではない。胡族と漢族とを融合させた新たな中華をめざしたのである。

しかし孝文帝の目指した胡漢融合は定着せずに、六鎮の乱により崩壊した。胡漢融合は、次の時代に託された。

第七章
新たな中華の誕生

およそ三五〇年ぶりに中華を統一した隋は、北朝系の王朝であり、そのあとを受けた唐もそうである。一世紀中ごろ南匈奴が華北に移住してから、五〇〇年あまり。中華世界に入り込んだ夷狄は、長い年月をかけて中華世界に溶け込んでいったが、それは夷狄の風俗を失って一方的に同化したのではない。隋・唐には、華北の遊牧王朝の系譜と江南の漢族王朝の系譜とが流れ込み、混じり合い、融合した結果、新たな中華世界が醸成された。

本章では、北朝・隋・唐における胡漢融合の過程をみていこう。

1 東魏・北斉と西魏・北周

†新たな認識の萌芽

北魏末の六鎮《りくちん》の乱にはじまる混乱のなかから、懐朔鎮《かいさくちん》出身の高歓《こうかん》をリーダーとする集団は、孝静帝を擁立して鄴に遷都した（東魏）。一方、武川鎮《ぶせんちん》出身の宇文泰《うぶんたい》をリーダーとする集団は、文帝を立てて長安を首都とした（西魏）。ここに北魏は東西に分裂することになった（五三五年）。東魏も西魏も、北魏の北方の特別行政区（六鎮）出身の遊牧民が軍事をにぎる体制をとった。東魏を支えた遊牧系出身者は勲貴《くんき》とよばれ、高歓には庫真《こしん》という親衛隊がつかえ、号令も鮮卑語がつかわれた。一方、西魏の軍隊でも鮮卑語がつかわれたことは、『隋書』経籍志に『鮮卑号令』（北周武帝撰）とあることからわかる。

東魏とくらべて軍事力の劣る西魏は、鮮卑・氐・羌・ソグドなど遊牧系と漢人豪族に郷兵を率いさせ、宇文泰直属の二十四軍に編成した（二十四軍制）。この二十四軍に属する兵士は、将軍と同じ姓を名乗ることで部族制的な結合をはかった。西魏は遊牧的な制度を復活させる一方で、官制においても復古主義をとり、『周礼』にもとづく六官制を採用した。

北魏でも『周礼』は重視されており、均田制や三長制を導入する際の典故としていた。西魏における『周礼』官制の導入について、遊牧的制度と漢人の理想とする『周礼』官制を再現し、胡族と漢族を双方の制度に所属させることで、両者の融和と団結をはかったと小林安斗はいう。また川本芳昭は、西魏・北周が周礼主義を標榜しつつ、胡姓を採用するという一見すると矛盾する現象を、鮮卑語を話す中華皇帝の存在が許されるという新たな中華の認識が生まれつつあったと評価している。

†『周礼』と後宮

北魏の孝文帝は『周礼』の三夫人・九嬪・二十七世婦・八十一御女《ぎょじょ》にそった後宮をつくろうと皇后以下、左右昭儀・三夫人・三嬪・六嬪・世婦・御女という階級をおいた。三夫人のうえに左右昭儀が置かれているのは、前漢の後宮制度のなごりである。その意味では、『周礼』と漢制のハイブリッド型といえる。后妃のほかに女職（女官）として、内司《ないし》・作司《さくし》・大監《たいかん》・女侍《じょじ》中《ちゅう》・監《かん》・女尚書《じょしょうしょ》・美人《びじん》・女史《じょし》・女賢人《じょけんじん》・書史《しょし》・書女《しょじょ》・小書女《しょうしょじょ》・中才人《ちゅうさいじん》・供人《きょうじん》・中使《ちゅうし》・女生《じょせい》・才《さい》人《じん》・恭使《きょうし》・宮人《きゅうじん》・春衣《しゅんい》・女酒《じょしゅ》・女饗《じょきょう》・女食《じょしょく》・奚官《けいかん》・女奴《じょど》をおいた。

東魏の実力者で斉王の高歓《こうかん》と高澄《こうちょう》は正妻を妃と呼んだが、蠕蠕公主《ぜんぜんこうしゅ》と魏朝公主《ぎちょうこうしゅ》は別枠とし、その他の妾は娘《じょう》と呼ばれた。北斉の文宣帝は、夫人・嬪・御女の称号を復活させたが、人数はそろっていなかった。武成帝の「河清新令」において、はじめて『周礼』の三夫人・九嬪・二十七世婦・八十一御女が人数も含めて完備されたが、一方で、昭儀が三夫人のうえに置かれたことから、孝文帝路線を継承していた。ところが、北斉の後主は皇后を二人おき、それに準じて左右娥英《さゆうがえい》・左右昭儀をおいた。後宮制度は時折イレギュラーな位階がおかれるが、『周礼』型に収斂していく。

†九龍の母

東魏・北斉において、高歓の妻の婁昭君《ろうしょうくん》の存在はきわだっていた。婁昭君は幼いころから聡明で、有力部族から求婚を受けたが、父親がいずれも断っていた。ある日、高歓を見かけた婁昭君は「まさしくわが夫となるお方」と、婢を使って想いを伝え、たびたび私財を送って自分と結婚するようにしむけ、父母もやむを得ず結婚を認めた。

高歓はその財産を使って英傑をあつめ、決起のときをはかったが、婁昭君はつねにその場に参加した。第二子の文宣帝が、東魏から禅譲をうけようとしたときに、文宣帝は母の婁昭君にその意向を伝えた。すると「お前の父(高歓)は龍のごとく、お前の兄(高澄)は虎のごとき人だったのに、臣下の身分だった。どうしてお前が舜《しゅん》・禹《う》のように禅譲が行えると思うのだ。これはお前の考えではなく、高徳政《こうとくせい》の入れ知恵だろう」と反対した。反対された文宣帝は、漢人貴族と組んで禅譲を決行した。

文宣帝が亡くなり、文宣帝の長子高殷《こういん》が即位すると、婁昭君は太皇太后(皇帝の祖母)となったが、漢人貴族と結託して宗室を抑圧する高殷を廃位して、自分の子で高歓の第六子の高演《こうえん》(孝昭帝)を即位させて、皇太后にもどった。ついで孝昭帝が亡くなると、自分の子で高歓の第九子の高湛《こうたん》(武成帝)を即位させた。婁昭君は五六二年に六二歳で亡くなるまで、北斉において影響力を持ち続けたゴッドマザーであった。

†レビレート

東魏・北斉でもレビレートがみられる。高歓は柔然可汗の阿那瓌《あなかい》の娘を迎えて茹茹公主《じょじょこうしゅ》と称した。高歓の死後、息子の高澄が「蠕蠕の国法に従い、公主を蒸《じょう》し、主、一女を産む」(『北史』后妃下）とあり、レビレートが行われた。また高澄の妻の元氏を弟の高洋が妻にしている。そのとき高洋は「わが兄はかつて我が妻を犯した。われはいまそれに報いる」といって元氏に迫ったという。

その後も、高洋（文宣帝）の李皇后を弟の高演（孝昭帝）が「もしわれを受け入れなければ、おまえの子を殺す」と脅して関係を持った。その結果、妊娠したが、それを息子に知られた李皇后は生まれた娘を殺してしまった。高演は「お前はわが子を殺した。わたしがお前の子を殺さない理由はない」といって、李皇后の目の前で高紹徳《こうしょうとく》を殺した。李皇后が大声で泣くと、高演はさらに怒って李皇后を裸にしたうえで鞭うち、李皇后は天に向かって叫びつづけた。その後、李皇后は絹の袋に入れられ、袋からは血が滴り落ちるなか、溝に投げこまれた。しばらくして息を吹き返すと、牛車にのせられて妙勝尼寺《みょうしょうにじ》に送り届けられた。李皇后は仏教を信奉していたため、このあと尼となった。

北斉皇帝がレビレートをするとき、史書では「昏狂《こんきょう》」や「淫乱」といった表現がみられる。そもそも中華思想からみれば、レビレートは野蛮な行為と見なされているうえに、北周―隋―唐の系譜を正統とする立場で書かれた史書では、北斉は悪く書かれる。しかしレビレートをしたことには、理由があるはずである。北斉のレビレートのパターンを分析すると、皇帝の代替わりに先代皇帝の皇后を引き継いでいる。このことから、皇位継承の正統性を高めることと、後宮をおさえる目的がみえる。

†恩倖

妻太后の死後、武成帝は皇帝権力強化のために「恩倖《おんこう》」を採用した。『北斉書』恩倖伝の序文には、

甚《はなは》だしきかな、北斉末の恩倖は。有史以来、前代未聞である。錐《きり》や刀《かたな》のような心で、枢要な任務につき、豆と麦の区別がつかない知能で、重要な仕事にあたる。刑をうけた宦官・帝家の奴隷・西域の醜胡・亀茲の雑伎のうちで王に封じられた者は、足が触れるほどにひしめきあい、幕府を開いた者は肩を並べるほどいた。

と書かれているが、北斉の恩倖は、皇帝や権力者の家政を担当する嘗食典御《しょうしょくてんぎょ》（食事担当）や主衣都統《しゅいととう》（衣服担当）などを通じて、皇帝や権力者と親しくなることで、急速に出世した。君主の身の回りの世話をする官職と言えば、北魏の内朝、モンゴル元のケシクが思い浮かぶが、北斉の恩倖も似た役割を果たしていたことが、田熊敬之の研究で明らかになった。北斉皇帝は権力強化のために、勲貴の子弟や漢人貴族の子弟のほかに、漢人の下層の家の子弟やソグド人

の子弟など、出自を問わず、広く人材を集めたのである。

恩倖が政治と軍事を掌握した結果、宗室と勲貴が抑圧されて軍事力が低下した。五七五年、北周の武帝が親征し、洛陽にせまった。一度は撃退に成功したものの、翌年、ふたたび武帝は晋州（山西省臨汾市）に親征してきた。北周軍に打ち破られた北斉の後主は晋陽に逃げこみ、その後、突厥への逃亡も考えたが、鄴にもどって八歳の長男恒に譲位した。五七七年、太上皇となった後主は、皇后と幼主をつれて、青州から南朝の陳へ逃れようとしたが、北周軍に捕まり、長安に送られた。こうして北斉は北周に併合されて滅んだ。

†北周

五五七年、宇文泰《うぶんたい》から後事を託された甥の宇文護《うぶんご》は、宇文泰の子の覚《かく》を天王に即位させ、北周が建国された（孝閔帝）。皇帝ではなく天王を称したのは、『周礼』にならったからである。宇文護の執政を快く思わない孝閔帝は、宇文護の誅殺を計画したが、発覚して廃され、明帝が立てられた。宇文護は明帝に政権を返し、明帝が親政することとなったが、食事に毒を盛られ殺された。宇文護が手をまわしたと言われる。明帝の遺詔により武帝が即位した。

宇文護はとかく評判が悪い人である。しかし実際には、元勲に配慮し、彼らの支持も得ていた。また庾信《ゆしん》などの南朝系漢人も積極的に登用しており、宇文護の執政期には、南朝に対する蔑視もあまり見られない。さらに仏教を保護し、北周の安定化をはかった人物であった。『周書』で描かれる宇文護のイメージは作為的であると会田大輔は指摘する。

五七二年、武帝は宇文護を誅殺して、親政をはじめ、皇帝の側近官である内史の権限を強化して六府（『周礼』の六官）を統轄させた。また軍事面では、募兵を進めると同時に二十四軍の兵士を侍官とし、皇帝の直属とした。ここにも遊牧的伝統をうかがい見ることができる。五七五年、武帝は北斉への侵攻を開始し、五七七年、陳への亡命をはかった後主を捕らえて華北統一を果たした。さらに南朝と突厥にも侵攻するが、突厥親征中に病死した。

†天元皇帝

武帝のあとを継いで即位した宣帝は、翌年、七歳の息子（静帝）に譲位して、天元皇帝を称した。天元とは儒教の最高神である昊天上帝《こうてんじょうてい》と同一であることを意味する。まさに自身を上帝になぞらえたのである。さらに五人の皇后を立てた。天元大皇后（楊氏）・天大皇后（朱氏）・天右大皇后（元氏）・天左大皇后（尉遅《うっち》氏）・天中大皇后（陳氏）の五人は昊天上帝をとりまく五帝（青帝・赤帝・黄帝・白帝・黒帝）になぞらえたと会田はいう。

五人の皇后の顔ぶれをみると、楊麗華《ようれいか》は楊堅（隋の文帝）の長女で、宣帝が皇太子のとき武帝が皇太子妃として選び、宣帝が即位すると皇后に立てられた。朱満月《しゅまんげつ》は呉の出身で、家族の罪に連座して後宮の奴隷となり、宣帝が皇太子のとき、衣服担当として宣帝の目に止まり、静帝を生んだ。良家出身ではないうえに、宣帝より一〇歳あまり年上であったため疎んじられたが、静帝を生んだことから、後宮では楊皇后につぐ二番目の地位を占めた。元楽尚《げんらくしょう》は元晟《げんせい》の次女で、一五歳のとき後宮に入った。美貌で有名であった。はじめ宇文亮《うぶんりょう》の子の温《おん》に嫁いだが、謀反をおこした宇文亮と温を殺して後宮に入れた。陳月儀《ちんげつぎ》は、もと北斉の恩倖陳山提《ちんさんてい》の八女で、選ばれて後宮に入った。朱満月をのぞいて、いずれも北周の有力者の娘であることから、宣帝は彼らの支持を取り付けようとしたと考えられる。

また武帝の死の直後、武帝の宮人を選んでみだらな行為に及び、翌年には天下の子女を選抜して後宮を満たしたという。武帝と言えば、西晋の武帝も後宮一万人と言われた好色皇帝とされるが、安田二郎によれば、豪族良家の子女を広く後宮に入れることで、政権の安定をはかったものであるという。北周宣帝の奇行にも、皇帝権力強化という彼なりの目的があった。

五八〇年、宣帝が死去すると、翌年、楊堅は静帝から禅譲をうけて隋を建国した。宣帝の五人の皇后たちはどうなったか。楊麗華は、父の楊堅が嫁ぎ先を滅ぼしたことに不満で、実家にもどって楽平公主となったあと再婚せず、大業五年（六〇九）、煬帝と張掖《ちょうえき》（甘粛省）に行幸中に四九歳で亡くなった。朱満月は隋の建国時に出家して法浄《ほうじょう》と改名し、開皇六年（五八六）に四〇歳で亡くなった。陳月儀は宣帝が死去したときに出家して華光《かこう》と改名した。元楽尚も同じ時に出家して華勝《かしょう》と改名し、二人は唐代まで生きていた。尉遅熾繁も同じときに出家して華首《かしゅ》と改名し、隋の開皇一五年（五九五）に三〇歳で死去した。楊麗華をのぞいて四人は出家して尼となっている。北魏後期から北周にかけて、后妃の出家の事例が多く見られるが、出家して俗世を離れることが、王朝交替などの政争に巻き込まれた后妃たちの救いの道になっていたことを物語る。

2　隋と突厥

†侵攻と和平

アルタイ山脈に住んでいたトルコ系の遊牧集団の突厥（テュルク）は、柔然に服属して鉄をおさめていた。アルタイは金山と呼ばれたように、鉄鉱石などの産地であった。五五二年、柔然の可汗阿那瓌《あなかい》を討って自立した。その後、西方のエフタルをササン朝と協力して滅ぼし、東方では契丹を討って、モンゴル高原から中央アジアにおよぶ突厥第一可汗国を築き上げた。強大な勢力を誇る突厥は、華北の北斉・北周の争いに介入し、北周と婚姻関係をむすんで毎年大量の絹の提供をうけた。また北周の長安には常時一〇〇〇人をこえる突厥人が滞在して、豪華な衣装を着て、上等な肉を食らっていた。北斉も突厥の侵攻を防ごうと毎年豪華な贈り物をしたため、ときの他鉢可汗《たはつかがん》（タトバル・カガン）は「南に二人の孝行息子がいる限り、我が国は憂《うれ》うことなし」と豪語した（『周書』突厥伝）。

このころ、北周が北斉を滅ぼして華北統一を果たした。それに対して他鉢可汗は、北斉の高紹義《こうしょうぎ》を援助して亡命政権を樹立させた。他鉢可汗が北斉を支援した理由として、彼がもと地頭可汗《じとうかがん》こと阿史那庫頭《あしなことう》として北斉方面にいて、大可汗即位前には親北斉派であったことが関係していると平田陽一郎は指摘している。

親北斉派の他鉢可汗だが、北周に対して公主の降嫁を要求するなど、硬軟織り交ぜた外交を展開していた。対して北周では、宣帝が急死して、幼い静帝を補佐する楊堅が実権をにぎり、他鉢可汗のライバルの東面可汗の摂図《せっと》に千金公主（北周の宗室の娘）を降嫁した。これには突厥を離間する狙いがあった。もともと突厥には、全体をすべる大可汗のほかに、各地に小可汗がいて、必ずしも大可汗の支配が徹底していたわけではなかった。そこを楊堅がついたのである。

五八一年、華北では周から隋への王朝交替があったが、突厥でも可汗の交替があった。この年のはじめ他鉢可汗が死去した。他鉢可汗は、兄の子の大邏便《だいらべん》を後継者に指名したが、母親の出自が問題とされ、実子の菴羅《えんら》が即位した。即位できなかったことに不満をもった大邏便は事あるごとに菴羅を罵倒し、それに耐えきれなくなった菴羅は摂図に可汗をゆずった。

摂図は大可汗に即位して沙鉢略《さはつりやく》（イシュバラ）と称した。可賀敦《かがとん》（可汗の妃）となった千金公主は、一族を皆殺しにした楊堅をはげしく憎み、夫の沙鉢略可汗に隋への侵攻を要求した。「北蕃の夷俗は可賀敦が兵馬の事を司《つかさど》る」（『旧唐書』蕭瑀《しょうう》伝）というように、突厥における可賀敦の権限は軍事面にもおよぶ。かくて突厥の精鋭四〇万騎が建国まもない隋へと侵攻し、武威・天水・安定・金城・上郡・弘化・延安の家畜を掠奪した。

対して隋も反撃に出て、沙鉢略可汗と阿波《あは》・貪汗《どんかん》の二可汗を敗走させた。その後、阿波と貪汗は西突厥の達頭可《たつとうか》汗《がん》（タルドゥ・カガン）のもとへ逃亡した。さらに自然災害も重なり、食糧不足と疫病により多くの死者がでた。困窮した沙鉢略可汗は千金公主に手紙を書かせ、隋文帝（楊堅）の養女にしてほしいと申し出た。この時、并州をおさめていた晋王広（のちの煬帝）は、弱った突厥を討つべしと文帝に進言したが、却下された。文帝は沙鉢略との和平を進め、沙鉢略は使者に対して跪《ひざまず》いて璽書を受けた。その姿を見てみな慟哭したという。かつて南匈奴の呼韓邪単于が後漢の使者の前で見せた姿が重なる。

†隋の中華統一

北方問題を処理した文帝は、南朝併合の準備を着々とすすめ、ついに五八九年、陳を滅ぼして中華統一をはたした。これにより、漢魏以来の漢族王朝の系譜は断絶し、これ以降は五胡・北朝の遊牧王朝の系譜につらなる隋と唐が中華を支配する新たなステージに突入した。ただ東晋・南朝の文化は「失われた中華の古典」としての地位を確立し、唐の文人から六朝文化として憧れをもって見られた。南北朝時代とは、単純に遊牧系の五胡・北朝と漢族系の東晋・南朝という構図でとらえるのではなく、新天地をもとめて江南に移住した漢族が、華北の遊牧王朝に対して挑んだ分離独立闘争の軌跡と見るべきだと平田はいう。

そもそも華北と江南は「南船北馬」というように、環境がことなる。華北は農牧境界地帯を含むように、北方の遊牧世界の延長に位置する。唐の滅亡後、ふたたび遊牧世界から新たなうねりが華北に押し寄せ、漢族は江南にて抵抗運動を展開することになる。金（女真）と南宋の第二次南北朝からの元（モンゴル）の中華統一、さらにスケールを拡大させた明とモンゴル後継諸部の第三次南北朝からの清朝の中華統一。おなじパターンがスケールアップしてくりかえされる。その意味では、隋唐の中華統一は、その最初の事例ということになろう。

文帝は突厥の内紛で亡命してきた突利《とつり》を啓民可《けいみんか》汗《がん》とし、陰山の南に大利城《だいりじょう》（内蒙古ホリンゴル）を築いて安置し、さらに義城公主《ぎじょうこうしゅ》を降嫁した。対して、啓民可汗は「大隋聖人莫縁可《だいずいせいじんばくえんか》汗《がん》」の称号を文帝におくった。これは突厥の大可汗をも従える遊牧世界の支配者となったことを意味する。文帝には、中華世界の皇帝としての顔と、東南アジア海域に連なる菩《ぼ》薩天子《さつてんし》としての

隋末群雄割拠図

氣賀澤保規『中国の歴史６　絢爛たる世界帝国』講談社 2005 年、59 頁に加筆

顔もある。多様な人々を支配するために、三つの顔をもったが、このことは裏を返せば、この時代が、漢代のような儒教による一元的支配ではおさめきれない時代であったことを意味する。

北魏皇帝も可汗（遊牧世界）・皇帝（中華世界）・如来（仏教世界）・太平真君《たいへいしんくん》（道教世界）と多元的な顔をもっていた。モンゴルの元や満洲族の清の支配者も同様に複数の顔をもつ。夷狄が中華をおさめるには、多元性が必要だった。というよりそれまでの中華の範囲を越えて多様な人々を内包したために、多元的にならざるを得なかった。妹尾達彦は、唐・元・清を大中国として、そこに共通する性格として普遍性をあげる。これらの王朝で仏教が隆盛するのも、仏教のもつ普遍性を統治に利用したからである。

†兵士のゆくえ

西魏・北周・隋を支えていたのは、中央直属の二十四軍制とよばれる軍事体制である。二十四軍の兵士は指揮官である将軍と部族的に結びつき、各地を転戦していた。隋による南北統一がなされた翌年の五九〇年、兵制改革の詔が出された。その詔書では、兵士たちは州県の戸籍に登録して土地を支給し、一般農民と同じとするとされた。だがその一方で、これまで通り軍府の統率をうけた。これはどういう意味なのか。この兵制改革によって、二十四軍に属する兵士は関中にあつめられ、従来どおり軍府に属する兵士すなわち「府兵」として軍事を担当した。

一方で、山東・河南・北辺の軍府は廃止されたため、関中に軍隊が集中する「関中本位体制」が築かれた。これら府兵制の兵士は、いわば少数精鋭の騎馬軍団の構成員である。その一方で、臨時の軍事遠征に動員される兵士（征人《せいじん》）や定期的に交替で辺境の防衛にあたる兵士（防人《ぼうじん》）は、戸籍に登録された一般農民から徴兵される。この体制は唐にも引き継がれる。

†二つの首都

文帝は新たな首都として北周長安の南東に大興城《だいこうじょう》を築いた。東西約九七〇〇メートル、南北約八六〇〇メートルのほぼ正方形を呈し、城内中央北側に宮殿区と官庁街をおき、そこから南にのびる中央道路を挟んで左右対称になるように市《いち》や街路を配置する。また街路には坊里《ぼうり》とよばれる壁で囲まれた居住区を配置する。この構造は、北魏の洛陽にはじまり、唐の長安、日本の平安京へ継承される東アジアの首都のモデルとされた。中国歴代王朝の首都で、ここまできれいな正方形をしているのは、大興城と元の大都《だいと》（北京）しかない。正方形にこだわったのは、『周礼』に正方形が首都の形として書かれているからである。夷狄だからこそ、中華の理想形にこだわった。ここに夷狄が中華を継承する姿が現れている。

煬帝は東都として洛陽を建設した。洛陽もこれまでの漢魏洛陽城の西側一〇キロの場所に、新たな首都として建設された。こちらも基本的には大興城とおなじ構造を取っているが、異なるのは大運河と結ばれた「水の都」という点である。東都洛陽の建設にあわせて通済渠《つうさいきょ》と通遠渠《つうえんきょ》の建設がすすめられ、運河を通じて黄河さらに長江とが結ばれた。これにより江南で生産された食糧が洛陽に集められ、それを備蓄するための巨大な地下倉庫の洛口倉《らくこうそう》と回洛倉《かいらくそう》が建設された。

隋は文帝と煬帝の二代にわたり大運河を築いたが、大運河によって結ばれた洛陽―揚州ラインは、中央アジアから長安にいたる陸のシルクロード（オアシスルート）と、東南アジアから広州をへて揚州にいたる海のシルクロードを結ぶ重要な部分であると平田は指摘しているが、さらに追加するならば、洛陽―幽州ラインは草原のシルクロードと結ばれるものであろう。こうしてみると、煬帝はユーラシアを陸と海で結びつけようという壮大なプランを元のクビライに先駆けて持っていたことになる。ただあまりに性急に苛酷な労働を国民に強いたために、結果的に反乱を招き、滅亡をはやめてしまった。

†貶められた皇帝

煬帝ほど悪名が広く知れ渡った皇帝はいないかもしれない。そもそも煬帝という諡《おくりな》からしてすでに悪評がこめられている。煬は「天に逆《さか》らい民を虐《しいた》げる」「内を好み政を怠《おこた》る」（『逸周書』諡法解）という意味の諡で、唐の李淵がおくったものである。煬帝にはほかに明帝と閔《びん》帝という諡がおくられていて、それぞれの立場からの評価がそこに反映されている。明帝という諡は、「四方を照らす」という意味で、洛陽で即位した煬帝の孫がおくったもの。閔帝は「国難に逢《あ》う」または「民を折傷《せっしょう》する」という意味で、河北で自立した竇建徳《とうけんとく》がおくったものである。

さらに唐の太宗は煬帝の墓をつくり、そこに「随故煬帝墓誌」を入れた。この墓と墓誌は二〇一三年に発見されたが、ここからも唐の煬帝に対する執拗なまでの貶めが感じられる。この執念は、太宗のときで編纂された『隋書』でも煬帝紀として示されたが、極めつけは『貞観政《じょうがんせい》要《よう》』である。この書は、太宗が臣下の諫言に耳を傾ける理想の君主として描かれる一方で、諫言に一切耳を貸さない暴君として煬帝が何度も登場する。

『貞観政要』は帝王学の書として広く読まれ、日本にも遣唐使によってもたらされた。藤原南家に伝わる鎌倉時代の写本（一二七七〜七八年）『貞観政要』（宮内庁書陵部蔵）に「ヤウタイ」のフリガナがついている。これは現在ヨウダイの読みの確認できる最古の用例である。藤原南家は平安末期から博士家を世襲していたが、博士家は天皇に進講する役目をもっていた。おそらく『貞観政要』を天皇に進講する際に、煬帝は皇帝にふさわしくないから煬帝の帝はテイ（漢音）と読まずにタイ（呉音）と読むべしとしたと思われる。菅家《かんけ》本《ぼん》『貞観政要』には「ヤウタイ」のフリガナがないことからも、南家独自の秘訓であったことが裏付けられる。なお拙稿では、平安時代の写本『日本書紀』（岩崎本：京都国立博物館蔵）巻二二、推古紀の「煬帝ヤウタイ」のフリガナは院政期のものであるとしたが、このフリガナは一条兼良《いちじようかねよし》（一四〇二〜八一）がつけたものであり、ヨウダイの最古の用例は鎌倉時代の『貞観政要』である。この場をかりて訂正しておきたい。

秦の始皇帝も隋の煬帝も、歴史に残した功績は大きいが、それよりも悪名のほうが広まっている。それは次の王朝が、成果はチャッカリ引き継ぎながらも、評価はガッツリ落としているからである。『史記』秦始皇本紀や『隋書』煬帝紀などの歴代王朝の正史には、そうした側面があるから注意しなければならない。煬帝も父文帝の妃二人を妻にするレビレートをしているが、『隋書』ではやはり「烝す」と否定的な表現で書かれている。

3　唐の新たな中華

†多民族国家・唐

唐は三〇〇年ちかい歴史をもつ中華を統一した王朝であるが、建国当初は、北朝・隋の遊牧王朝の系譜を引き継ぎ、皇帝の側近に庫真という親衛隊がおかれていた。この庫真は、北魏の内朝にもあった〇真という側近官のひとつで、君主の護衛と日常の世話をし、国事にも関わる。

遊牧社会に共通するシステムを唐はもっていた。

また唐の支配下には、突厥をはじめ中央アジアや西アジア出身の人々がいて、多民族国家としての側面をもっていた。なかでも中央アジア出身のイラン系ソグド人は、唐に様々な影響をあたえた。

中央アジアのアム河とシル河に挟まれたオアシスに住むイラン系の住民をソグド人という。ソグド人はインド・ヨーロッパ語族のなかのイラン語派に属するソグド語をはなす人々であり、身体的な特徴としては、白い肌、青や緑の眼、高い鼻、濃いひげ、栗色の巻き毛があげられる。ソグド人の居住地であるソグディアナ地方（ソグド人の土地）は、ユーラシアの中央に位置し、交通の十字路にあって前二世紀後半この地を支配したバクトリアが滅亡したころから、地の利を活かして交易に従事し、二世紀後半には、中国にも交易の手をのばした。ソグド人は、交易ルート上にある都市に住みつき、ソグド人ネットワークを駆使して、交易と情報のやり取りをしていたことが、「古代書簡」からわかる。

†「古代書簡」

「古代書簡」は、イギリスの探検家のスタインが、一九〇七年に敦煌の西九〇キロにある烽火台址で発見したソグド語で書かれた五通の紙の書簡である。この書簡は三一二～三一四年に書かれたもので、第一書簡と第三書簡は敦煌で作成されたもの。第二書簡は河西のどこかで作成されたもので、書簡を入れていた麻布の封筒に「サマルカンドへ」と宛先が記されていた。第五書簡は武威《ぶい》で作成されたものである。発送元がバラバラである書簡が、敦煌の西の烽火台でまとまって発見された。このことは、河西のオアシス都市に住むソグド人たちが、キャラバンに委託して郵便物を収集・発送するシステムをもっていたことをうかがわせる。

第二書簡には、昨日まで天子の家来であったフンが反乱をおこし、最後の天子が洛陽から逃亡し、宮殿と城に火が放たれて焼け落ちたという内容が記されていた。研究者はこれを南匈奴劉淵の自立(永嘉の乱)とするが、であればソグト語の原文でフンと書かれているのは匈奴を指すことになる。

†中華のソグド人

三国時代、魏の敦煌太守だった倉慈《そうじ》は、洛陽にむかうソグド商人のために通行証を発給したり、敦煌から故国にもどる者には、商品を適正な価値の絹と交換したうえで、安全に帰れるように境まで護送したという話が『三国志』倉慈伝にのっている。このころ、ソグド商人は中国まで交易にきていたことがわかる。

ソグド人は、商人だけでなく、外交官として中華王朝や遊牧国家につかえていた。例えば、曾祖父の代に北魏に仕えて酒泉に住んだ安吐根《あんとこん》は、北魏末、柔然《じゅうぜん》に使者として赴き、そのまま柔然に仕えた。東魏の初め、柔然の使者として晋陽に来ると、今度は東魏の実力者高歓に仕え、東魏と柔然の婚姻をまとめた。

また一九九九年に山西省太原で発見された虞弘《ぐこう》墓誌には、

祖父の奴栖《どせい》は、魚国《ぎょこく》（西域のオアシス都市）の領民酋長（部族リーダー）だった。父の君陁《くんだ》は、柔然の莫賀去汾達官《ばくがきょふんたつかん》（柔然の高官）となり、北魏に使いして朔州刺史《さくしゅうしし》を授けられた。そのころ柔然の可汗は近隣との友好関係を築こうと思い、虞弘は一三歳で莫賀弗《ばくがふつ》（柔然の官職）に任命されて、波斯《はし》（ササン朝ペルシア）と吐谷渾《とよくこん》に出向いた。その後、莫縁《ばくえん》（柔然の官職）に移り、北斉に派遣された。北斉の文宣帝は虞弘を拘束して柔然に帰さなかった。北斉を倒して華北を統一した北周の武帝は虞弘を薩保《さつぼ》に任命し、并州《へいしゅう》・代州《だいしゅう》・介州《かいしゅう》（山西省北部）

ソグド人像

甘粛省慶城県穆泰墓出土胡人俑（筆者撮影）

のソグド人を統領させた。隋の文帝のとき、并州を治め、五九歳で死去した。

とあり、西域出身のソグド人がそのネットワークを利用して、遊牧国家の柔然につかえて外交官として各地に派遣されたことがわかる。さらに重要なポイントは、北朝から隋唐では、国内に住むソグド人を管理するために薩保がおかれたことである。薩保とは、ソグド語のサルトパウ（キャラバン隊長）のことで、それがソグド人の集落長を意味する官職へとかわった。さらに唐では、ソグド人も唐の戸籍に入れられたため、薩保は集落長からゾロアスター教の指導者という意味に変化した。

†ソグド人軍団

薩宝（薩保）は二〇〇戸（一戸五人とすれば一〇〇〇人）以上のソグド人集落を管理するが、同時に、集落にすむソグド人を郷兵として統率していた。さらに北朝から隋唐にかけて、ソグド人が開府《かいふ》・儀同《ぎどう》に任じられて、府兵制の軍府を統率し、各王朝で重要な働きをしていたことが山下将司の研究で明らかにされた。

唐の李淵が太原で挙兵したとき、介州《かいしゅう》（太原の南）のソグド人の曹怡《そうい》がこれに参加している。また原州《げんしゅう》（固原）のソグド人の史索巌《しさくげん》は、隋の煬帝が晋王だったときに庫真（親衛隊）となり、煬帝が即位すると鷹揚郎将《ようようろうしょう》（地方軍府の長官）に任じられた。その後、李淵に協力して金城《きんじょう》（蘭州）の薛挙《せつきょ》討伐に参加した。さらに涼州《りょうしゅう》（武威）のソグド人の安修仁《あんしゅうじん》は、隋末の混乱で涼州で自立した李軌《りき》に仕えていたが、長安の李淵に仕える兄の安興貴《あんこうき》と連携して李軌を倒し、唐に帰順した。これにより唐は河西地方を確保することができた。

ソグド人は華北各地の主要都市に集落をつくって根付き、混乱期には一族のネットワークを駆使して情報を収集し、勝ち馬にのって王朝の中枢に入り込んでいった。そのしたたかな姿勢は、「分銖《ふんしゅ》の利を争い」「利のあるところ到らざるなし」（『旧唐書』康国条）という彼らの商魂が遺憾なく発揮されたものである。

†ソグドの姓

もともとソグド人には姓はなく、「バルザクの息子ペサク」のように「〇〇の息子〇〇」と名乗っていた。しかし中華世界で活動するには、通行証の発行や売買契約文書の作成に姓名が必要となることから、姓を持つようになった。唐ではソグド人を昭武九姓《しょうぶきゅうせい》とか九姓胡と呼んだが、九姓は史書によって出入りがある。オアシス都市に比定されているものに、康《こう》（サマルカンド）・安《あん》（ブハラ）・米《べい》（マーイムルグ）・史《し》（キッシュ）・何《か》（クシャーニア）・曹《そう》（カブータン）・石《せき》（タシュケント）・畢《ひつ》（パイカンド）があり、ソグド人が出身国ごとに漢姓を使用した。

例えばサマルカンド出身者はみな康姓を称した。その結果、サマルカンドを康国（康姓の国）と表記するようになった。その証拠にサマルカンドはそれまで悉万斤《しつまんきん》と表記されていた。

また中華世界に住んだソグド人は、同姓不婚の影響を受け入れたようで、ソグド人同士の婚姻にあたっても同姓不婚が基本的には守られている。そのため、ソグド人同士が婚姻するにあたって、ソグド姓が多様化したと斉藤達也はいう。

†玄武門の変

唐の第二代太宗（李世民）の治世を「貞観《じょうがん》の治《ち》」とよび、明君太宗によって平和な時代が到来したと言われている。太宗は高祖李淵の次男として、李淵の唐建国を馬上で支え、数々の軍功を上げていった。唐が建国されると、秦王となったが、やがて長男で皇太子の建成《けんせい》をクーデター（玄武門《げんぶもん》の変《へん》）で殺害して皇太子となり、まもなく皇帝に即位した。玄武門の変の背景には、東突厥に対する高祖李淵・皇太子と李世民との方針の違いがあったとも言われる。

太宗が即位してまもなく、東突厥が関中まで侵入してきた。東突厥の頡利可汗《けつりかがん》（イリグ・カガン）は、長安の対岸までせまり、使者を派遣して唐の情勢を探らせた。太宗はその使者を捕縛したうえで、たった六騎をひきいて渭水をはさんで頡利可汗と対面した。まもなく唐の軍勢も到着したため、頡利可汗は怖れて和親をもとめたという。この話は太宗の事績を担ぎあげるための誇張がなされており、実際には唐側が和親を求めたのではないかと森部豊はいう。

†東突厥の滅亡

北モンゴリアでは、東突厥の支配下にあった鉄勒諸部が反乱をおこし、薛延陀《せつえんだ》の夷男《いなん》が可汗となった。太宗は夷男を真珠毗伽可汗《しんじゅびきやかがん》(インチュ・ビルゲ・カガン)に冊封し、東突厥を挟撃する体制を整えた。頡利可汗はソグド人を優遇して、自分の一族を遠ざけ、さらに毎年のように軍を動かしたため、国内では不満が高まっていた。そこに連年の大雪による飢饉がくわわり、頡利可汗に背く部族が続出した。太宗と兄弟の盟約をむすんだ突利《とつり》(テリス)もそのなかのひとりであった。太宗は李靖《りせい》を派遣して定襄《ていじよう》の頡利可汗を急襲し、頡利可汗は逃走した。このときソグド人の康蘇密《こうそみつ》は、隋の蕭后《しようこう》と楊政道《ようせいどう》を連れて唐に投降した。やがて頡利可汗も捕縛され、長安に連行された。

なお東突厥の頡利可汗、隋の蕭后と楊政道らは許されたが、頡利可汗の可賀敦(妃)の義城公主だけは捕縛後すぐに殺された。彼女は啓民《けいみん》・始畢《しひつ》・処羅《しよら》・頡利の四人の可汗にレビレートし、政治・軍事に大きな影響力をもっていた。彼女こそが、東突厥を裏で操り、唐に侵攻してきた元凶と目されたため、処刑されたのである。

六三〇年、唐はようやく国内の群雄、隋の亡命政権、東突厥を平定した。このとき西北諸蕃が「天可汗」の称号を太宗に奉った。また降服した東突厥の部族長には、高い官職が与えられた。もともと遊牧社会には、自己の部族より、他の部族の王族・貴族を優遇する傾向が強くあり、遊牧的性格を色濃く残す唐王朝には、そうした政策が顕著に見られる。開放的・国際的と評される唐王朝の本質はここにあると森安孝夫は強調する。

唐に帰属した東突厥は、オルドス東部から山西北部の農牧境界地帯に住み、そこに四つの州をおいて統治した。また東突厥の本拠があった南モンゴリアには、定襄都督府《ていじようととくふ》（内蒙古ホリンゴル県）と雲中都督府《うんちゆうととくふ》（内蒙古トクト県）を設置し、その下に六つの州をおいて、突厥遺民を統治した。

東突厥が唐に滅ぼされたことで、西域にも唐の支配が及ぶようになる。六三五年、青海にあった吐谷渾を服属させ、青海からタリム盆地東南部を支配下に組みこみ、六四〇年には、タリム盆地の高昌国《こうしようこく》（新疆トルファン）を滅ぼし、この地に安西都護府《あんせいとごふ》をおいた。さらに六四八年には、亀茲《きじ》王国（新疆クチャ）を征服し、これによりタリム盆地全域に唐の支配が及ぶことになった。ついで六四六年、太宗は北モンゴリアの薛延陀を滅ぼし、その支配下にあったテュルク系諸部族を支配するため、燕然都護府《えんぜんとごふ》をおいた。

一方、七世紀はじめのチベットでは、ソンツェン・ガンポが統一をはたし、吐蕃《とばん》が建国された。唐と吐蕃は周辺地域の支配をめぐって衝突を繰り返した。その一方で、唐から文成公主《ぶんせいこうしゆ》が送られて、両国の間で婚姻が結ばれた。これを和蕃公主《わばんこうしゅ》とよぶ。かくして唐は東ユーラシアを支配する大帝国へと発展した。

†和蕃公主

中華王朝は夷狄に対して、四つの態度で臨んだという話をしたが（第三章）、具体的な対外政策としては、冊封《さくほう》・羈縻《きび》・互市《ごし》などがあり、そのなかの一つに和蕃公主の降嫁がある。和蕃公主は、前漢の高祖が匈奴の冒頓単于《ぼくとつぜんう》に公主を嫁がせたことにはじまる。その後、王昭君《おうしょうくん》・細《さい》君《くん》・解憂《かいゆう》など、第四章で取り上げた女性たちがいる。

しかし後漢以降、魏晋南朝の漢族王朝では、一度も和蕃公主の降嫁は実施されなかった。その理由として、「戎狄は無親なれば、之を許すは無益なり」（『宋書』索虜伝）とする漢族側の夷狄に対する蔑視があり、夷狄に降嫁することは屈辱であると考えられていた。

対して、五胡十六国から北朝・隋・唐にかけて実施された和蕃公主の降嫁には、そうした認識がみられない。遊牧社会における婚姻は族外婚の形態をとり、他の部族から妻を迎えることで部族の同盟が結ばれるという政略結婚の性格をもつ。五胡十六国では、遊牧社会における部族同盟の手段としての婚姻を採用し、相互に婚姻関係を結んでいた。北魏が華北統一を果たし、中華思想を持ち始めると、和蕃公主の降嫁は、中華王朝である北魏が周辺諸国に許可する恩寵としての性格を帯びるようになる。

この恩寵的な和蕃公主の降嫁は、前漢前期のときとは正反対の位置づけである。北魏分裂以降、東魏と西魏、北斉と北周は柔然と突厥に対して婚姻を求めた。これは前漢とおなじく、中華王朝が遊牧国家に対して婚姻を通じた和親を求めたものである。隋が中華統一を果たすと、和蕃公主の降嫁はふたたび恩寵的性格へと変わり、唐へと引き継がれる。唐は吐蕃に対して文成公主と金城公主を降嫁したが、そこには中華皇帝から近隣諸国への恩寵としての側面が見られる。その後、安史の乱により唐の国力が衰退すると、ウイグルに対する和蕃公主の降嫁は、前漢とおなじくウイグル主導での降嫁へと転換した。

†則天武后

唐代は女性が輝いていた。美しく着飾り、騎馬に乗って出かける。そのような女性の姿は、南朝では見られない北朝の女性、遊牧社会の女性の姿であることは、顔之推《がんしすい》が『顔氏家訓』のなかで書いている。

南朝では、家計は火の車でも、主人は体裁を気にして、車も衣服もきちんと整えないと気が済まない。家庭では妻や子が食事にことかき、着るものもないという目にあう。北朝では、生活全般は主婦が取り仕切っている。女性用の美服や宝石は必需品だが、男性用の馬や馬丁は、痩せこけていても使えればそれでよしとされている。夫婦のあいだでもお互いに「お前」と呼びあうこともある。

こうした女性のあり方が、北朝・隋・唐とつづいていた。その先に登場したのが、則天武后《そくてんぶこう》である。

則天武后こと武照《ぶしょう》は、山西の材木商であった武士彠《ぶしかく》の次女として六二四年に生まれた。母は隋の皇帝の一族につらなる楊氏で、四〇歳をすぎてから三人の娘を生んだ。武照は幼い頃から古典の教養と仏教を学び、一四歳のとき太宗の後宮に入り、才人となった。二六歳のとき太宗が崩御すると、出家して尼となり感業寺に入った。その後、高宗の後宮に入って昭儀となった。父の妃を息子が自分の妃とする。これはいわゆるレビレートにあたるが、五胡十六国・北斉・隋のレビレートと違うのは、一度出家させ尼としていることである。出家して世俗を離れることで、父の妃であった過去を抹消する意味があったのであろう。

昭儀となった武照は高宗の寵愛を一身にあつめ、王皇后と蕭淑妃《しょうしゅくき》を後宮から追い出し、皇后となった。三三歳のときである。追放された蕭淑妃は「猫に生まれ変わり、武照を老いぼれたネズミにして、この老いぼれネズミの喉をかみ切りつづけてやる!」と罵った。そのため武照は宮中で猫を飼うのを禁止したという。さらに王氏と蕭氏は武照によって手足を斬られたうえ酒甕のなかに首だけ出して放り込まれ、死後は遺体をバラバラにされたうえ、王氏は蟒氏《もうし》（うわばみ）、蕭氏は梟氏《きょうし》（ふくろう）と改め、死後も辱めを受けた。

六五四年以降、病気に苦しむ高宗は政務を武后にゆだねた。武后は高宗のうしろのイスに座り、その間に簾《すだれ》をおろして姿を見えなくして政治を取り仕切った。これを「垂簾《すいれん》の政」という。六七四年、高宗は皇帝を「天皇」、皇后を「天后」と改称したが、これも武后の発案によるもので、数十年にわたって皇帝とおなじく権力をもった。これを当時の人は「二聖」と称した。北魏の「二聖」といえば、北魏の孝文帝と文明太后、孝明帝と霊太后も「二聖」と称された。北魏の場合は皇帝と皇太后の母子関係だが、高宗と武后の場合は皇帝と皇后の夫婦関係と両者に立場上の違いはあるものの、共同統治という意味では、それまでの中華王朝にはなかった関係である。中華王朝の皇帝と皇后は国家の父母として、ともに天下を治めるものではあるが、皇帝が陽で皇后は陰という表裏の関係にある。したがって皇后が表の朝廷に出てきて政治をとることはない。しかし武后のなかでは、皇帝と皇后はともに天下を治めるパートナーであるという意識があった。これは遊牧社会における可汗と可賀敦の関係とおなじである。武后は、皇帝とともに政治をとる（共同統治）から、皇帝にかわって政治をとる（垂簾の政）、さらに皇帝として政治をとるという過程を踏んだ。

六八三年、高宗が崩御すると、武后は三男の中宗（李顕）を即位させたが、二か月後には廃位し、四男の睿宗（李旦）を即位させ、皇太后として政治権力を掌握した。ここから皇帝になるための準備が着々とすすめられていく。東都洛陽を神都と改名、長安を副都とした。また官僚制度も『周礼』にそった名称に変更している。六八八年には明堂を建設し万象神宮《ばんしょうしんきゅう》（宇宙を象徴する神殿）と命名した。これらは唐から周への王朝交替を儒教を利用して理論武装するものである。

一方、武太后は、怪僧の薛懐義《せつかいぎ》らを利用し、弥勒菩薩に化けた女性が君主となって世界を救うという内容の『大雲経神皇授記義疏』をつくり全国の寺院に配布した。さらに「聖母臨人、永昌帝業（聖母が出現して人民に臨み、王朝は永遠に栄える）」と書かれた石が洛水から出現した。武太后はこの石を「宝図」と名付け、みずからを聖母神皇と称した。

六九〇年九月九日、聖母神皇は皇帝に即位して聖神皇帝となった。六八歳となっていた。その後、七〇五年、皇太子李顕のクーデターにより皇帝を降ろされるまで、唐にかわって周が中華を支配した。なお七〇二年に派遣された遣唐使の粟田真人《あわたのまひと》は、周の天冊金輪聖神皇帝《てんさつきんりんせいしんこうてい》（武照）に国号を倭から日本に変更したことを報告している。

武照は八三歳（『旧唐書』）でなくなると「則天大聖皇后」の謚《おくりな》をもらう。中国史上でたった一人の女性皇帝はどうして誕生したのか。彼女の強烈な個性にその要因を求めるのは簡単だが、いくら強烈な個性の持ち主であっても、女性がみずから皇帝になろうとするものだろうか。そこには、五胡北朝以来の女性の政治活動を容認する時代の空気があったのではないだろうか。

†安史の乱

安禄山《あんろくざん》はソグド人の康氏《こうし》と突厥のシャーマン阿史徳《あしとく》氏との間に生まれた雑胡（ソグド系突厥）で、父は早くに亡くなり、母はソグド人の安延偃《あんえんえん》と再婚したため安氏を称した。なおソグド人の安氏一族は、突厥と唐の両方に仕えるソグド人であった。安禄山は一四歳のころ、突厥の内紛を逃れて唐に亡命し、甘粛から河北へと移動した。六蕃語（漢語・奚《けい》語・契丹語・ソグド語・突厥語など）を操り、諸蕃互市牙郎《しょばんごしがろう》（交易場の仲買）として活動し、幽州節度使の張守珪《ちょうしゅけい》に仕えて、契丹の討伐で功績をあげて軍人として出世した。四〇歳のとき平盧《へいろ》節度使《せつどし》となり、二年後には范陽《はんよう》節度使も兼ねた。このころ何度か長安にいって玄宗と楊貴妃に取り入っている。

唐の軍隊には、都護府下の異民族を徴兵して各地に駐屯する行軍《こうぐん》があった。それが常駐化したものが軍鎮《ぐんちん》であり、複数の軍鎮を統括するものが節度使である。節度使には「蕃将《ばんしょう》」という異民族出身者が登用された。例えば、河西節度使にはソグド系突厥の安思順《あんしじゅん》、隴右節度使にはトルコ系突騎施《とっきし》の哥舒翰《かじょかん》、安西節度使には高句麗の高仙芝《こうせんし》が任命された。

安禄山は平盧節度使と范陽節度使を兼任し、幽州（北京）に拠点をおいた。幽州にはソグド人の行《こう》（同業者組合ギルド）があり、ここに河北の絹が集められて、范陽節度使三万人の兵士に年間八〇万疋が支給されたという。また幽州にはソグド人の邸店《ていてん》（食堂・倉庫・運送業・宿泊施設）があった。『安禄山事迹』には、

安禄山はひそかに唐の各地でソグド人商人に交易を行わせたので、毎年、全国からたくさんの珍奇な物が范陽に集まってきた。ソグド商人がやってくるたびに安禄山は胡服を着て豪華なベッドに座り、香を焚いて珍奇な物を並べ、百胡を左右にはべらせた。群胡はその下で輪になって礼拝し、幸福を賜るよう天に祈った。

とあり、安禄山のもとにソグド商人だけでなく、百胡とか群胡と称される多種多様な人々が集結していたことがわかる。

†反乱の経緯

七五五年一一月、親衛隊八〇〇〇、蕃漢一五万の軍を率いて幽州を出発した安禄山は河北を南下し、七五六年正月元旦、洛陽で大燕皇帝に即位した。六月、唐は蕃将の哥舒翰に鎮圧を命じたが敗北し、玄宗は楊貴妃を連れて蜀へ逃亡。途中の馬嵬駅《ばかいえき》（陝西省興平市）にさしかかっ

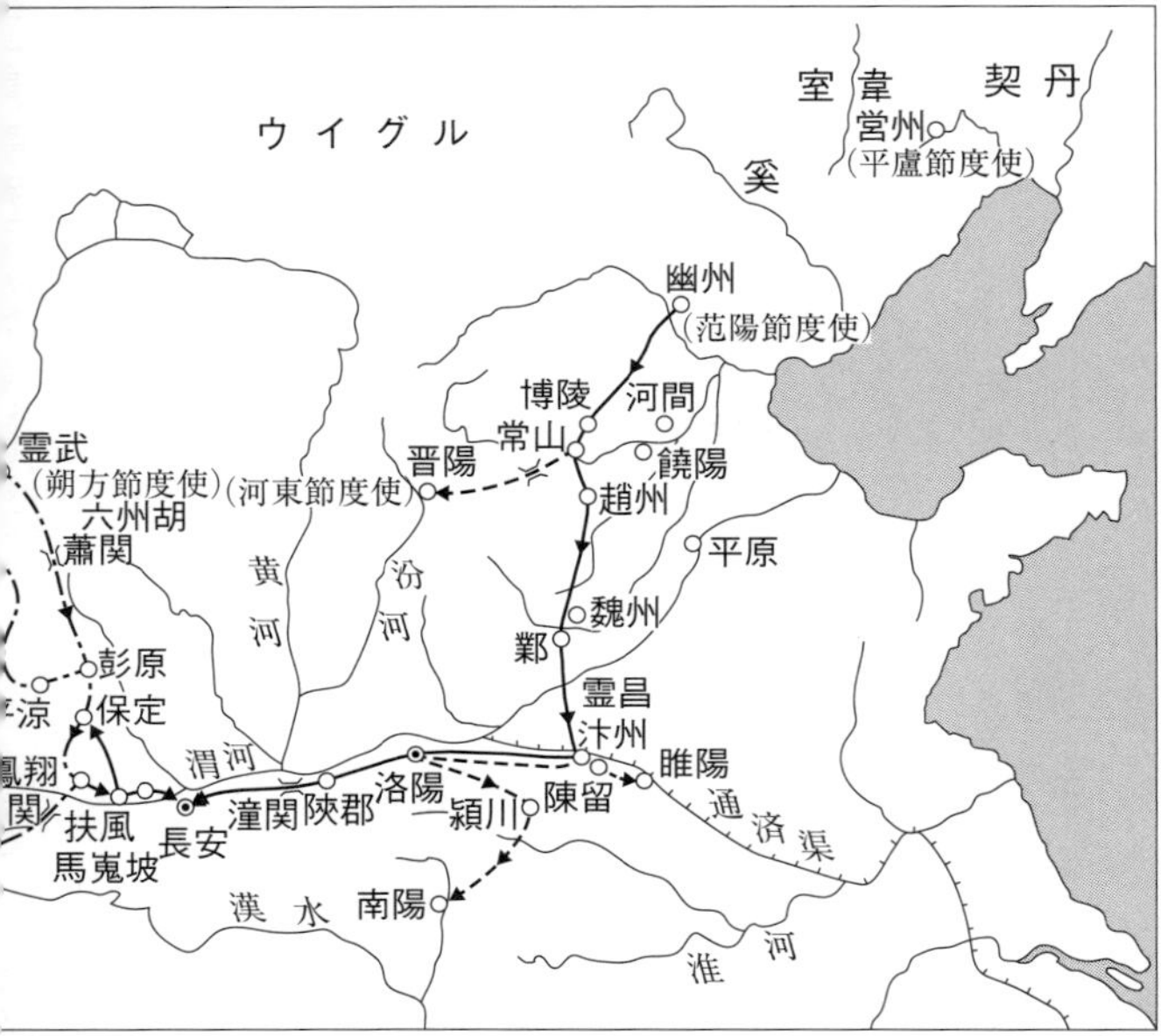

森部豊『安禄山』山川出版社、2013年、67頁

たところで、近衛兵の不満が爆発し、楊貴妃は殺された。一方、霊武にいた皇太子は皇帝に即位(粛宗)して、玄宗を上皇とした。九月、粛宗はウイグルに援軍を求めるため、宗室の李承《りしょう》宷《さい》・突厥の僕固懐温《ぼくこかいおん》・ソグド人の石定番《せきていばん》を派遣し、ウイグルの協力を取り付けることに成功した。

　七五七年正月、安禄山は洛陽で息子安慶緒《あんけいしょ》によって暗殺され、部下の史思明《ししめい》は范陽へ引き上げた。九月、ウイグルの援軍を得た唐軍は、長安を奪回し、一〇月には洛陽も取り返した。七五

九年三月、史思明は安慶緒を殺害して、四月に大燕皇帝に即位。七六〇年閏三月、史思明は洛陽に入ったが、後継者問題のなか、七六一年二月に長男の史《し》朝儀《ちょうぎ》に殺された。

七六二年四月、玄宗が崩御し、一〇日後には粛宗も崩御して代宗が即位した。この唐の混乱に乗じて、ウイグルの牟羽《ぼうう》可《か》汗《がん》は一〇万の軍を率いて唐国内に侵入。この危機に可賀敦の実父僕固懐恩（牟羽可汗の妻は僕固懐恩の娘）が使者となって可汗を説得し、ウイグルは再び唐側につき、一〇月に洛陽を奪回、七六三年正月、史朝儀は范陽で自殺し、ここに安史の乱は終結した。

†安史の乱とは何だったのか

安禄山はなぜ反乱を起こしたのか。従来の説は、玄宗の寵愛をうけて出世した安禄山を追い落とそうとした宰相楊国忠《ようこくちゅう》との対立が原因だとする。あるいは河北と関中との地域対立が背景にあるとする説もある。これに対して、森安孝夫は、騎馬軍団の軍事力で農耕地帯を安定的に支配する遼・金・元・清のいわゆる「征服王朝」の先駆けとして安史政権を捉えなおすことを提唱している。

また森部豊は、安禄山のもとに集結した多種多様な人々の唐の支配からの独立運動だったとする。安禄山のもとには、ウイグルに滅ぼされた突厥第二可汗国の人々、オルドスにいた「六《りく》州胡《しゅうこ》」(ソグド系突厥)、中国東北地方の遊牧集団の奚《けい》・契丹《きったん》・室韋《しつい》、中央アジアからきたソグド系・トルコ系の傭兵・ソグド商人など多種多様な出自をもつ人々が集まっていたが、これらの人々の共通の願いは、唐の支配からの独立であったという。

約三〇〇年つづいた唐王朝のちょうど折り返し地点でおこった安史の乱。この反乱をさかいに、唐は大中国から小中国へと転換した。それまでの華夷を包摂する姿勢は失われ、華夷を区別する姿勢へと次第に転換していった。

†唐の文化

『旧唐書』輿《よ》服志《ふくし》に「太常《たいじょう》(宮廷)の音楽は胡楽を尊び、貴人の御膳には胡食を提供し、士女はみな競って胡服を着る」とあるように、唐代には胡楽・胡食・胡服が流行した。ここでいう胡はソグド人によってもたらされた西域文化をいう。

胡のつくものとして、胡桃《くるみ》・胡瓜《きゅうり》・胡麻《ごま》など西域オアシスの特産品がある。ほかに胡坐《こざ》(足を下ろす座り方）・胡床《こしょう》（イス）・胡瓶《こへい》（水差し）・胡紛《ごふん》（おしろい）がある。胡服とは、戦国趙の武霊王の「胡服騎射」で有名だが、もともと遊牧民の服装を指していた。しかし唐ではソグド人の襟元が大きく折り返している服装を胡服と称した。

胡児《こじ》・胡姫《こき》は、かつてペルシア人と言われてきたが、近年の研究によってソグド人の男女の奴隷であることが明らかとなった。トルファンのアスターナ三五号墓から出土した「先漏新附《せんろうしんぷ》部曲客女奴婢《ぶきょくきゃくじょぬひ》名簿《めいぼ》籍《せき》」には、二軒の家に私奴婢六八人（奴二三人、婢四五人）がいたことが書かれている。そのうち年齢のわかるものは、一〇歳未満が九人、十代が一八人、二十代が一〇人、三十代が七人で、幼少のものが二割近くを占める。たった二軒の家に、これだけ多くの奴婢がいることは不自然である。これら奴婢はソグディアナ地方から連れてこられ、高昌国の「寄荘処《きそうしょ》」とよばれた宿舎に住み、そこで漢語や漢族の礼儀作法、胡琵琶《こびわ》・胡旋舞《こせんぶ》・胡騰舞《ことうぶ》などの訓練をうけて、中華世界に高く売られていったソグド人奴隷である。なお奴隷というと、奴隷船につながれアメリカ大陸に連れていかれたアフリカの黒人奴隷を連想するが、唐の奴隷は馬とおなじ価格で売買され、細婢《さいひ》（美しい女奴隷）は良馬と同等の高級品であった。ソグド商人は、交易品として絹・宝石・香辛料にくわえて奴隷を扱っていたのである。

騎馬女子像

MIHO MUSEUM『長安　陶俑の精華展』エヌ・シー・ピー、2004年、36頁

†騎馬女子

一九九八年に公開されたディズニーの長編アニメーション映画「ムーラン」は、北魏の「木蘭詩《もくらんし》」をもとに、明清時代に戯曲化された「花木《かもく》蘭《らん》」がベースとなった物語である。主人公の木蘭（ムーラン）が、年老いた父親の代わりに男装して従軍し、一〇年のちに手柄を立てて帰国する。皇帝から昇進と褒美を賜るが、それらを辞退して帰郷を願い出て許される。故郷にもどり兵装を解き、化粧した姿を見た仲間の兵士たちは、木蘭が女性であったと知って驚く。

「木蘭詩」の舞台となった北魏では、皇太后がお出かけになるとき鎧を身につけた女性が騎乗して護衛する習慣があった。この習慣は五胡十六国の後趙でもみられる。後趙の石虎は騎馬女子一〇〇〇人を豪華に着飾らせて、皇帝や皇后を護衛させた。

唐でも宮女たちが騎馬にのっていた。武徳《ぶとく》・貞観《じょうがん》年間（六一八〜六四九年）には羃羅《べきら》（全身を覆うコート）を着て顔を隠していたが、永徽《えいき》年間（六五〇～六五五年）以降になると帷帽《いぼう》（顔を隠す帽子）をつけるようになった。さらに開元《かいげん》の初め（七一三年）には、宮中の車馬に付き従う宮女はみな胡帽《こぼう》（ソグド帽子）をつけ、化粧した顔をあらわにして、ベールで顔を隠さなくなった。それを官僚や庶民の家もこぞってまねをし、宮女のなかには男装して騎乗するものもいた。楊貴妃の姉たちも名馬を買い、金色に輝く馬具をしつらえ、あでやかに着飾って長安の大通りを練り歩いた。杜甫の詩には楊貴妃の姉のひとり虢国夫人《かくこくふじん》について、

「虢国夫人、主恩を承《う》く、平明、馬に騎《の》りて宮門を入る。
却《かえ》つて脂粉《しふん》の顔色を汚《よご》すを嫌い、淡《あわ》く蛾眉《がび》を掃《はら》いて至尊に朝《ちょう》す」

と詠んでいる。馬にまたがり、あえて薄化粧で玄宗に謁見にいく楊貴妃の姉の姿が目に浮かぶ。

†唐の長安

国際都市といわれる唐の長安には、国際性を示すものが多数ある。例えば、宗教施設では、仏教の寺院・尼寺、道教の道観・女観のほか、ゾロアスター教寺院の胡天祠《こてんし》、ネストリウス派キリスト教寺院の大秦寺《だいしんじ》などがあった。ゾロアスター教（祆教《けんきょう》）・ネストリウス派キリスト教（景教《けいきょう》）・マニ教（摩尼教《まにきょう》）は、唐では三夷教《さんいきょう》といわれたが、おもな信者はソグド人で、彼らの

章懐太子墓壁画（ポロ／打毬）

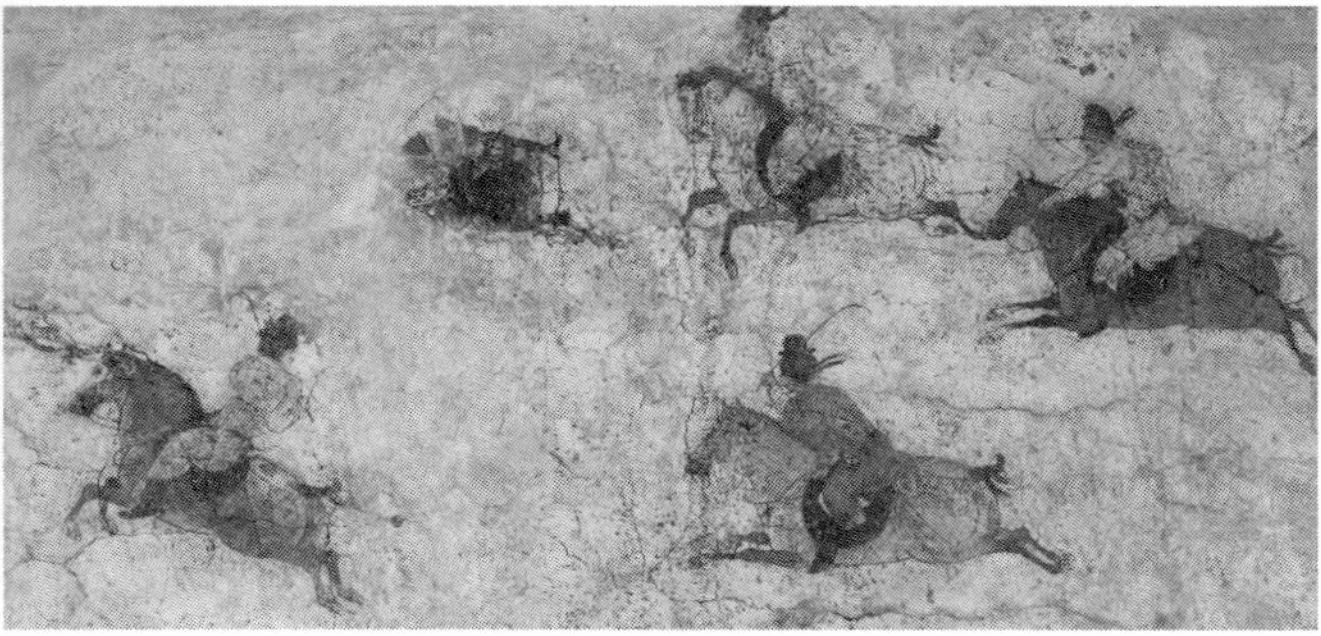

『中国古代壁画　唐代２　陝西博物館蔵』広西美術出版社、2017年、96頁

ためにこれらの宗教施設が建てられた。

長安の西市の周辺にはソグド人が多数住んでおり、西市には波斯邸《はしてい》があった。これはソグド人が経営するダンスホールで、美しく着飾った胡姫が胡旋舞を踊るのを、貴族の子弟たちが、西域名産の葡萄酒で満たしたササンガラスの酒杯を片手に楽しそうに眺めていた。そのなかには、遣唐使で唐にわたり朝衡《ちょうこう》と名前を変えた阿倍仲麻呂《あべのなかまろ》の姿もあったかもしれない。

長安には畢羅肆《ひつらし》があった。畢羅は饆羅《ひつら》とも書き、肉や野菜を小麦粉の皮で包んだものとする説と、ペルシア語のピラフを当てたもので、ウイグル人やアラブ人が食べる焼き飯とする説がある。『酉陽雑俎《ゆうようざっそ》』続巻一に、元和の初（八〇六年）、長安の東市に住み四六〇匹の犬猫を殺して食べた悪童の李和子《りわし》を、冥界の鬼卒《きそつ》（あの世の役人）二人が捕まえにくる話がある。この話のなかで、二人の鬼卒を畢羅肆に連れていくが、鬼卒らは鼻を覆って店に入るのを嫌がったとある。この描写から、饆羅はきついにおいがすることがわかる。従来中国になかった香辛料を使っていたために、鬼卒たちは嫌がった。饆羅が新しい料理であることを示していると張競はいう。

また茶肆《ちゃし》という茶店もあった。南朝貴族には茶を飲む習慣があったが、唐の長安には、玄宗期以降に茶店が多くなる。安史の乱をさかいに唐の国力は衰え、国家統制がゆるんだことで、かえって長安は賑わいを見せるようになる。さらに毬場亭《きゅうばてい》というポロ競技場が宮城の東北、安礼門を入ったところにあった。ポロは打毬《だきゅう》といい、西域から伝わり、唐では王公貴族の遊びとして流行した。一九七一年に西安北郊で発見された章懐太子墓《しょうかいたいしぼ》(高宗と則天武后の次男李賢)の壁画に、打毬に興じる貴族たちの様子が描かれている。

北魏の孝文帝による「漢化政策」は、胡族と漢族とをあわせた中華世界を創出するものであったが、北辺に取り残された人々の反乱である六鎮の乱によってあえなく潰えたかに思われた。しかし、そのあとを受けた東魏・北斉と西魏・北周が、胡漢融合の道を模索し、その結果、隋唐帝国が誕生した。孝文帝がめざした胡漢が融合した中華世界を、北朝遊牧系王朝が江南の漢族系王朝を取り込む形で実現させた。そこには、漢の中華世界とは違った新たな中華世界の姿があり、遣唐使が日本にもたらした中華は、唐の中華であった。

†遊牧民視点の「中華」史

本書では、中国の歴史を五つのステージにわけ、第一ステージから第三ステージまでを見てきた。ステージを移行するには、内的要因と外的要因とが必要不可欠である。内的要因とは、中華の伝統の変容をいう。外的要因は外側から中華に持ち込まれたものをいう。この内外二つの要因が絡み合い融合することで、新たな中華が形成されていく。中華は不変ではなく、つねに変容しているのである。その変容をうながす要因に深く関わっているのが遊牧民であるというのが、本書の論点である。

第一ステージ（新石器文化〜西周）は、中華文明の原型が形成される時期にあたる。前五千年紀以降、農耕に基盤をおく新石器文化が中国各地に栄えたが、前三千年紀以降の寒冷乾燥化により、黄土高原では牧畜へと移行して、華北に農牧境界地帯が形成される。前二千年紀、黄河中流域に初期国家（二里頭文化）が誕生し、やがて殷王朝が成立した。黄土高原の農牧境界地帯には周がおこり、殷を倒して黄河流域を支配する。この時期、都市の発生、青銅器の使用、車馬の使用、漢字の発生、天命思想などに代表される中華文明の原型が形成されたが、このうち青銅器・車・馬は農牧境界地帯から中原に持ち込まれ、殷周をへて中華の一部になったものである。

第二ステージ（春秋〜漢）は、第一ステージの中華文明が変容して、中華古典文明が成立する時期にあたる。周の天子の権威が衰え、各地の諸侯が台頭する春秋時代、そして諸侯が王を称し、七雄の抗争がつづいた戦国時代をへて、秦漢の統一帝国が誕生した。この時期、周の天子を中心として諸侯同士が中華として結びつく一方で、同盟に入らなかったものを夷狄として排除する中華思想が形成された。ただし中華と夷狄の違いは、文化的な違いであって、民族的な違いではない。秦の始皇帝が統一を果たし、皇帝制度が確立されると、秦の天下が中華とされた。さらに漢代には儒教が国家イデオロギーとして採用され、皇帝による周辺諸国の冊封による中華秩序が形成された。この時期、匈奴という騎馬遊牧民が出現し、漢と対峙したことで、漢＝中華＝文明、匈奴＝夷狄＝野蛮という構図ができあがった。

第三ステージ（魏晋〜唐）は、第二ステージの中華古典文明が変容し、中華世界が拡大した。魏晋南北朝では、華北に遊牧民が進出して国家を建設し、江南の漢族王朝と対峙した。その間、華北に進出した遊牧民は、胡俗と漢俗、夷狄と中華をどのように融合させるか試行錯誤を重ねていった。その結果、誕生するのが隋唐帝国である。隋唐帝国は、五胡・北朝の支配者たちの成功と失敗の積み重ねのうえに、遊牧民（北朝）が漢族（南朝）を取り込み、両者を融合した国家を作り上げた。それにより胡族と漢族をあわせた貴族制社会が成立し、儒教・仏教・道教の三教が成立し、ソグド人がもたらした胡風文化が流行した。これは第二ステージの中華世界

（漢）にはない、新たな中華世界（唐）の誕生を意味する。

本書では、第三ステージまでを扱ったが、その後の中国史における遊牧民の存在は、新たなステージへとすすむ。唐までは、王朝交替が禅譲型で行われてきた。そのため夷狄が中華皇帝を名乗るとき、自分の出身を中華の伝説上の帝王・聖人につなげることで、中華世界の支配者たる資格を有するとした。

しかし宋以降の王朝交替は放伐型、すなわち武力による征服によって行われたため、遼・金・元・清は征服王朝とも呼ばれ、これら征服王朝は、出自を中華世界の帝王・聖人につなげたりはしなかった。力による中華支配が当たり前になっていたのである。さらに遼・金・元・清は、自分たちの言語を文字化することで、中華世界の漢字に対抗した。服装も名前も民俗性を維持した。島田正郎はそれを胡漢二元体制とよぶ。

第四ステージ（五代十国〜アヘン戦争）をむかえる一〇世紀を、ユーラシア史の一大転換期とするのは森安孝夫である。森安は、歴史を動かす原動力の一つとしての軍事力に着目し、前一千年紀初め、中央ユーラシアの草原地帯に遊牧民が登場して、地上最強の騎馬軍団を擁するようになってから、騎馬遊牧民が世界を動かす原動力となり、一〇世紀に中央ユーラシア型国家を築くとする。この間、遊牧民は農耕・定住地域への掠奪・征服あるいは協調・融和・同化に成功と失敗を繰り返しながら、二〇〇〇年かけてようやく安定的に支配する組織的なノウハウを完成させた。

五胡十六国から唐は、中華のなかにどのように溶け込んでいくのかを模索し胡漢融合を果たした。一方、遼・金・元・清は中華と夷狄を共存させる胡漢併存をはかった。かつてウィットフォーゲルは馮家昇との共著"History of Chinese society: Liao [906-1125]"のなかで、五胡・北朝を浸透王朝とし、遼・金・元・清を征服王朝として区別したが、その見方はある意味では正しい。

ただし、浸透王朝とされる五胡・北朝は、中華のなかに飲み込まれて胡俗を失ったのではない。中華のなかに胡俗の足跡をきちんと残していた。イスやテーブル、コムギの粉食、仏教の隆盛、胡琵琶などの音楽は、この時代に夷狄が中華に持ち込んだ新たな文化であり、中華文明の一部として現在にもつながっている。もっと時代をさかのぼれば、馬や車も夷狄から中華世界にもたらされたものである。中国の歴史、そこには夷狄とされる遊牧民が、たえず関わってきたことを認識しておく必要がある。

あとがき

一〇〇年ちょっと前、大学に進学する学生もそこで教鞭をとる教授たちも、選ばれしエリートばかりだった。それがいまでは、高校生の半数が大学へと進学する時代となり、大学も教員も増えた。この一〇〇年の間に、教育の裾野が広がり、それまで一部のエリートしか触れられなかった史料や研究にふれ、それを分析・批判するノウハウを身につける機会が格段に増えた。また一般向けの書籍も毎年多数出版され、インターネットでも論文や史料が公開され、手軽にアクセスできる状況になってきた。

研究は学者だけのものではない。誰にでも開かれているし、開かれるべきである。その意味では、今後ますます情報の公開は進み、知の共有も進んでいくことだろう。知ることの喜びというものは確かにある。知りたいという欲求も。本書が、知の欲求に少しでも応えられたならば、幸いである。

本書は、これまでの研究によって明らかにされた成果に全面的に依拠している。そこに筆者の思い付きが少しだけ添えられている。膨大な研究蓄積のなかから、必要な情報を十分にひき出せていないことは重々承知している。本書は、いわば知のダンジョンの入口に過ぎない。より詳しく知りたいと思うなら、参考文献にあげた先行研究をまずは読んで、さらに知のダンジョンの奥まで進んでいってほしい。さらに進むのも、ここで止まるのもあなた次第。今回は止まっても、またいつでも歩き出せる。知ることは自由なのだから。

「知る」のスキルを習得したら、つぎは「考える」のスキルを習得してほしい。「知る」のスキルで収集した情報を、「考える」のスキルで分析し、あらたな歴史像を「創造する」。これこそが究極の「知」であり、最高の楽しみだと私は思う。

最後に、本書の執筆機会を与えて頂いた、ちくま新書編集部の松本良次さんに感謝を申し上げたい。また本務校で「東西交渉史」を担当し、ユーラシアの東西交渉に、遊牧民がどのように関わってきたのかを講義するなかで、毎回貴重なコメントをくれた学生たちにも感謝したい。そしていつも応援してくれる友人、支えてくれる家族にも感謝を伝えたい。

雪の舞う名古屋にて

二〇二五年一月

松下憲一

参考文献

●第一章

今村薫『中央アジア牧畜社会』京都大学学術出版会、二〇二三年
江上波夫『遊牧文化と東西交渉史　江上波夫文化史論集5』山川出版社、二〇〇〇年
岡村秀典『中国古代王権と祭祀』学生社、二〇〇五年
岡村秀典『東アジア古代の車社会』臨川書店、二〇二一年
小澤正人・谷豊信・西江清高『中国の考古学』同成社、一九九九年
川又正智『ウマ駆ける古代アジア』講談社、一九九四年
篠田謙一『人類の起源』中央公論新社、二〇二二年
白石典之『モンゴル考古学概説』同成社、二〇二二年
白石典之『遊牧王朝興亡史』講談社、二〇二五年
妹尾達彦『グローバル・ヒストリー』中央大学出版部、二〇一八年
草原考古研究会編『ユーラシアの大草原を掘る』勉誠出版、二〇一九年
デイヴィッド・W・アンソニー、東郷えりか訳『馬・車輪・言語（上）（下）』二〇一八年
西秋良宏編『遺丘と女神』東京大学出版会、二〇〇八年
林俊雄『スキタイと匈奴　遊牧の文明』講談社、二〇〇七年
藤井純夫『ムギとヒツジの考古学』同成社、二〇〇一年
本村凌二『馬の世界史』講談社、二〇〇一年
リュドリク・オルランド著、吉田春美訳『ウマの科学と世界の歴史』河出書房新社、二〇二四年

楊海英『モンゴル帝国　草原のダイナミズムと女たち』講談社現代新書、二〇二四年

●第二章

諫早直人・向井佑介編『馬・車馬・騎馬の考古学』臨川書店、二〇二三年
稲畑耕一郎監修『図説中国文明史1　先史　文明への胎動』、二〇〇六年
小澤正人・谷豊信・西江清高『中国の考古学』同成社、一九九〇年
落合淳思『甲骨文字に歴史を読む』筑摩書房、二〇〇八年
落合淳思『殷代史研究』朋友書店、二〇一二年
郭沫若「釈支干」『甲骨文字研究』上海・大東書局、一九三一年
菊池大樹「牧馬の育成」諫早直人・向井佑介編『馬・車馬・騎馬の考古学』臨川書店、二〇二三年
佐藤信弥『周』中央公論新社、二〇一六年
篠田謙一『人類の起源』中央公論新社、二〇二二年
白川静『文字講話　甲骨文・金文篇』平凡社、二〇一八年
津田資久・井ノ口哲也編『教養の中国史』ミネルヴァ書房、二〇一八年
豊田久『周代史の研究』汲古書院、二〇一五年
宮本一夫『中国の歴史1　神話から歴史へ』講談社、二〇〇五年
水上静夫『干支の漢字学』大修館書店、一九九八年
松丸道雄「殷」『世界歴史大系　中国史1　先史〜後漢』山川出版社、二〇〇三年
渡邉英幸『古代〈中華〉観念の形成』岩波書店、二〇一〇年

●第三章

『アジア人物史1　神話世界と古代帝国』集英社、二〇二三年
稲畑耕一郎監修『図説中国文明史2　殷周　文明の原点』二〇〇七年

江村治樹『戦国秦漢時代の都市と国家』白帝社、二〇〇五年
岡田英弘「東アジア大陸における民族」橋本萬太郎編『漢民族と中国社会』山川出版社、一九八三年
沢田勲『匈奴』新訂版、東方書店、二〇一五年
鶴間和幸『中国の歴史3　ファーストエンペラーの遺産』講談社、二〇〇四年
鶴間和幸『始皇帝の地下帝国』講談社、二〇〇一年
林俊雄『スキタイと匈奴　遊牧の文明』講談社、二〇〇七年
平勢隆郎『中国の歴史2　都市国家から中華へ』講談社、二〇〇五年
籾山明『秦の始皇帝』白帝社、一九九四年
吉本道雅『中国先秦史の研究』京都大学出版会、二〇〇五年
好並隆司『秦漢帝国史研究』未來社、一九七八年
渡邉英幸『古代〈中華〉観念の形成』岩波書店、二〇一〇年

●第四章

『アジア人物史1　神話世界と古代帝国』集英社、二〇二三年
阿部幸信『印綬が創った天下秩序』山川出版社、二〇二四年
稲畑耕一郎監修『図説中国文明史4　秦漢　雄偉なる』二〇〇五年
内田吟風・田村実造『騎馬民族史I』平凡社、一九七一年
内田吟風『北アジア史研究　匈奴篇』同朋舎出版、一九七五年
沢田勲『匈奴』新訂版、東方書店、二〇一五年
佐川英治編『君主号と歴史世界』山川出版社、二〇二三年
白石典之『モンゴル考古学概説』同成社、二〇二二年
白石典之『遊牧王朝興亡史』講談社、二〇二五年

杉山正明『遊牧民から見た世界史』増補版、日本経済新聞社、二〇一一年
草原考古研究会編『ユーラシアの大草原を掘る』勉誠出版、二〇一九年
鶴間和幸『中国の歴史3　ファーストエンペラーの遺産』講談社、二〇〇四年
長澤和俊『シルクロード』講談社、一九九三年
長澤和俊『張騫とシルク－ロード』新訂版、清水書院、二〇一七年
ボルジギン・フスレ編著『遊牧帝国の文明』三元社、二〇二三年
本村凌二『馬の世界史』講談社、二〇〇一年

●第五章
阿部幸信『印綬が創った天下秩序』山川出版社、二〇二四年
内田吟風・田村実造『騎馬民族史Ⅰ』平凡社、一九七一年
内田吟風『北アジア史研究　匈奴篇』同朋舎出版、一九七五年
沢田勲『匈奴』新訂版、東方書店、二〇一五年
杉山正明『遊牧民から見た世界史』増補版、日本経済新聞社、二〇一一年
張競『中華料理の文化史』ちくま文庫、二〇一三年
鶴間和幸『中国の歴史3　ファーストエンペラーの遺産』講談社、二〇〇四年
東晋次『王莽』白帝社、二〇〇三年
舟木勝馬『古代遊牧騎馬民の国』誠文堂新光社、一九八九年
三崎良章『五胡十六国』新訂版、東方書店、二〇〇九年
渡邉義浩『王莽』大修館書店、二〇一二年

●第六章
会田大輔『南北朝時代』中央公論新社、二〇二一年

『アジア人物史2　世界宗教圏の誕生と割拠する東アジア』集英社、二〇二三年
稲畑耕一郎監修『図説中国文明史5　魏晋南北朝　融合する文明』二〇〇五年
内田吟風『北アジア史研究　鮮卑柔然突厥篇』同朋舎出版、一九七五年
川本芳昭『魏晋南北朝時代の民族問題』汲古書院、一九九八年
川本芳昭『中国の歴史5　中華の崩壊と拡大』講談社、二〇〇五年
川本芳昭『東アジア古代における諸民族と国家』汲古書院、二〇一五年
窪添慶文『魏晋南北朝官僚制研究』汲古書院、二〇〇三年
窪添慶文『北魏史』東方書店、二〇二〇年
佐川英治『中国古代都城の設計と思想』勉誠出版、二〇一六年
佐川英治編『多元的中華世界の形成』臨川書店、二〇二三年
佐藤智水「北魏皇帝の行幸について」『岡山大学文学部紀要』五、一九八四年
白鳥庫吉『塞外民族史研究』岩波書店、一九八六年
谷川道雄『増補　隋唐帝国形成史論』筑摩書房、一九九八年
古松崇志『シリーズ中国の歴史③草原の制覇』岩波書店、二〇二〇年
堀内淳一『北朝社会における南朝文化の受容』東方書店、二〇一八年
松下憲一『北魏胡族体制論』北海道大学出版会、二〇〇七年
松下憲一『中華を生んだ遊牧民』講談社、二〇二三年
三崎良章『五胡十六国』新訂版、東方書店、二〇〇九年
鄭雅如「北魏の皇后・皇太后」伴瀬明美・稲田奈津子・榊佳子・保科季子編『東アジアの後宮』勉誠出版、二〇二三年

●第七章

会田大輔『南北朝時代』中央公論新社、二〇二一年
『アジア人物史3　ユーラシア東西のふたつの帝国』集英社、二〇二三年
石田幹之助『長安の春』増訂版、平凡社、二〇〇六年
稲畑耕一郎監修『図説中国文明史6　開かれた文明』、二〇〇六年
エチエンヌ・ドゥ・ラ・ヴェシエール・影山悦子訳『ソグド商人の歴史』岩波書店、二〇一九年
石見清裕編著『ソグド人墓誌研究』汲古書院、二〇一六年
関西中国女性史研究会編『中国女性史入門』人文書院、二〇〇五年
氣賀澤保規『則天武后』白帝社、一九九五年
氣賀澤保規『中国の歴史6　絢爛たる世界帝国』講談社、二〇〇五年
小林安斗「鮮卑のえがいた理想国家と華夷観」『千葉史学』四一、二〇〇三年
斉藤達也「中国におけるソグド姓の歴史」森部豊編『ソグド人と東ユーラシアの文化交渉』勉誠出版、二〇一四年
島田正郎『契丹国』新訂版、東方書店、二〇一四年
徐松・愛宕元訳注『唐両京城坊攷』平凡社、一九九四年
杉山正明『遊牧民から見た世界史』増補版、日本経済新聞社、二〇一一年
妹尾達彦『長安の都市計画』講談社、二〇〇一年
田熊敬之「北斉「恩倖」再考」『史学雑誌』一二九―七、二〇二〇年
平田陽一郎『隋』中央公論新社、二〇二三年
藤野月子『王昭君から文成公主へ』九州大学出版会、二〇一二年
古松崇志『シリーズ中国の歴史③草原の制覇』岩波書店、二〇二〇年

松下憲一「隋の煬帝はなぜヨウダイと読むか」『史朋』五〇号、二〇一八年
宮崎市定『隋の煬帝』中央公論社、一九八七年
森部豊『ソグド人の東方活動と東ユーラシア世界の歴史的展開』関西大学出版部、二〇一〇年
森部豊『安禄山』山川出版社、二〇一三年
森部豊編『ソグド人と東ユーラシアの文化交渉』勉誠出版、二〇一四年
森部豊『唐』中央公論新社、二〇二三年
森安孝夫『興亡の世界史5　シルクロードと唐帝国』講談社、二〇〇七年
森安孝夫『シルクロード世界史』講談社、二〇二〇年
安田二郎『六朝政治史の研究』京都大学出版会、二〇〇三年
山下将司「北朝末〜唐初におけるソグド人軍府と軍団」森部豊編『ソグド人と東ユーラシアの文化交渉』勉誠出版、二〇一四年

ちくま新書
1856

中華《ちゅうか》とは何《なに》か
——遊牧民《ゆうぼくみん》からみた古代中国史《こだいちゅうごくし》

二〇二五年五月一〇日 第一刷発行

著者 松下憲一（まつした・けんいち）

発行者 増田健史

発行所 株式会社 筑摩書房
東京都台東区蔵前二-五-三 郵便番号一一一-八七五五
電話番号〇三-五六八七-二六〇一（代表）

装幀者 間村俊一

印刷・製本 株式会社 精興社

ISBN978-4-480-07683-0 C0222

ちくま新書

888 世界史をつくった海賊　竹田いさみ

スパイス、コーヒー、茶、砂糖、奴隷……歴史の陰には、常に奴らがいた。開拓の英雄であり、略奪者で厄介者でもあった〝国家の暴力装置〟から、世界史を捉えなおす!

890 現代語訳 史記　司馬遷　大木康訳・解説

歴史書にして文学書の大古典『史記』から「権力」と「キャリア」をテーマにした極上のエピソードを選出し、現代語訳。「本物の感触」を届ける最上の入門書。

935 ソ連史　松戸清裕

二〇世紀に巨大な存在感を持ったソ連。「冷戦の敗者」「全体主義国家」の印象で語られがちなこの国の内実を丁寧にたどり、歴史の中での冷静な位置づけを試みる。

1019 近代中国史　岡本隆司

中国とは何か? その原理を解く鍵は、近代史に隠されている。グローバル経済の奔流が渦巻きはじめた時代から、激動の歴史を構造的にとらえなおす。

1080 「反日」中国の文明史　平野聡

文明への誇り、日本という脅威、社会主義と改革開放、矛盾した主張と強硬な姿勢……。驕る大国の本質を悠久の歴史に探り、問題のありかと日本の指針を示す。

1082 第一次世界大戦　木村靖二

第一次世界大戦こそは、国際体制の変化、女性の社会進出、福祉国家化などをもたらした現代史の画期である。戦史的経過と社会的変遷の両面からたどる入門書。

1147 ヨーロッパ覇権史　玉木俊明

オランダ、ポルトガル、イギリスなど近代ヨーロッパ諸国の台頭は、世界を一変させた。本書は、軍事革命、大西洋貿易、アジア進出など、その拡大の歴史を追う。

ちくま新書

1177
カストロとフランコ
——冷戦期外交の舞台裏
細田晴子
キューバ社会主義革命の英雄と、スペイン反革命の指導者。二人の「独裁者」の密かなつながりとは何か。未開拓の外交史料を駆使して冷戦下の国際政治の真相に迫る。

1206
銀の世界史
祝田秀全
世界中を駆け巡った銀は、近代工業社会を生み世界経済の一体化を導いた。銀を読みといて、コロンブスから産業革命、日清戦争まで、世界史をわしづかみにする。

1255
縄文とケルト
——辺境の比較考古学
松木武彦
新石器時代、大陸の両端にある日本とイギリスは独自の非文明型の社会へと発展していく。二国を比較することでわかるこの国の成り立ちとは？　驚き満載の考古学！

1278
フランス現代史　隠された記憶
——戦争のタブーを追跡する
宮川裕章
第一次大戦の遺体や不発弾処理で住めない村。第二次大戦の対独協力の記憶。見捨てられたアルジェリアのフランス兵アルキ……。等身大の悩めるフランスを活写。

1287-1
人類5000年史Ⅰ
——紀元前の世界
出口治明
人類五〇〇〇年の歩みを通読する、新シリーズの第一巻、ついに刊行！　文字の誕生から知の爆発の時代まで紀元前三〇〇〇年の歴史をダイナミックに見通す。

1287-2
人類5000年史Ⅱ
——紀元元年～1000年
出口治明
人類史を一気に見通すシリーズの第二巻。漢とローマ二大帝国の衰退、世界三大宗教の誕生、陸と海のシルクロード時代の幕開け等、激動の一〇〇〇年が展開される。

1287-3
人類5000年史Ⅲ
——1001年～1500年
出口治明
十字軍の遠征、宋とモンゴル帝国の繁栄など人や物の交流が盛んになるが、気候不順、ペスト流行にも見舞われる。ルネサンスも勃興し、人類は激動の時代を迎える。

ちくま新書

1287-4 人類5000年史Ⅳ ——1501年~1700年 出口治明
征服者が海を越え、銀による交易制度が確立、大洋を舞台とするグローバル経済が芽吹いた。大帝国繁栄の傍らで、宗教改革と血脈の王政が荒れ狂う危機の時代へ。

1287-5 人類5000年史Ⅴ ——1701年~1900年 出口治明
人類の運命が変わった二〇〇年間——市民革命、市民戦争が世界を翻弄、産業革命で工業生産の扉が開かれた。ついに国民国家が誕生し覇権を競い合う近現代の乱世へ！

1287-6 人類5000年史Ⅵ ——1901年~2050年 出口治明
ビジネス教養としての「現代史」決定版！ 戦争、経済構造、宗教、地政学……「世界がどう動いてきたか」がわかる。歴史を一望する大人気シリーズ、ついに完結！

1335 ヨーロッパ 繁栄の19世紀史 ——消費社会・植民地・グローバリゼーション 玉木俊明
第一次世界大戦前のヨーロッパは、イギリスを中心に空前の繁栄を誇っていた。奴隷制、産業革命、蒸気船や電信の発達……その栄華の裏にあるメカニズムに迫る。

1342 世界史序説 ——アジア史から一望する 岡本隆司
ユーラシア全域と海洋世界を視野にいれ、古代から現代までを一望。西洋中心的な歴史観を覆し、「世界史の構造」を大胆かつ明快に語る。あらたな通史、ここに誕生！

1347 太平洋戦争 日本語諜報戦 ——言語官の活躍と試練 武田珂代子
太平洋戦争で活躍した連合国軍の言語官。収容所から集められた日系二世の葛藤、養成の違いに見る米英豪加の各国軍事情……。語学兵の実像と諜報戦の舞台裏。

1364 モンゴル人の中国革命 楊海英
内モンゴルは中国共産党が解放したのではない。草原の民は清朝、国民党、共産党といかに戦い、敗れたのか。日本との関わりを含め、総合的に描き出す真実の歴史。

ちくま新書

1377
ヨーロッパ近代史
君塚直隆
なぜヨーロッパは世界を席巻することができたのか。「宗教と科学の相剋」という視点から、ルネサンスに始まり第一次世界大戦に終わる激動の五〇〇年を一望する。

1400
ヨーロッパ現代史
松尾秀哉
第二次大戦後の和解の時代が終焉し、大国の時代が復活し、危機にあるヨーロッパ。その現代史の全貌を、国際関係のみならず各国の内政との関わりからも描き出す。

1449
インディアンとカジノ
――アメリカの光と影
野口久美子
ラスベガスを上回る、年間3兆円のビッグ・ビジネスはなぜ生まれたのか。インディアンの歴史を跡づけ、その意義となおも残る困難を明らかにする。

1539
アメリカ黒人史
――奴隷制からＢＬＭまで
ジェームス・Ｍ・バーダマン
森本豊富訳
奴隷制の始まりからブラック・ライヴズ・マターが再燃する今日まで、人種差別はなくなっていない。アメリカ黒人の歴史をまとめた名著を改題・大改訂して刊行。

1543
駒形丸事件
――インド太平洋世界とイギリス帝国
秋田茂
細川道久
一九一四年にアジア太平洋で起きた悲劇「駒形丸事件」。あまり知られていないこの事件を通して、ミクロな地域史からグローバルな世界史までを総合的に展望する。

1546
内モンゴル紛争
――危機の民族地政学
楊海英
なぜいま中国政府は内モンゴルで中国語を押しつけようとしているのか。民族地政学という新視点から、モンゴル人の歴史上の問題を読み解き現在の紛争を解説する。

1550
ヨーロッパ冷戦史
山本健
ヨーロッパはなぜ東西陣営に分断され、緊張緩和の後は一挙に統合へと向かったのか。経済、軍事的側面にも注目しつつ、最新研究に基づき国際政治力学を分析する。

ちくま新書

1636 **ものがたり戦後史** ――「歴史総合」入門講義　富田武

既成の教科書にはない歴史研究の最新知見を盛り込みつつ、日本史と世界史を融合。二〇二二年四月から高校で始まる新科目「歴史総合」を学ぶための最良の参考書。

1653 **海の東南アジア史** ――港市・女性・外来者　弘末雅士

ヨーロッパ、中国、日本などから人々が来訪し、交易や植民地支配を行った東南アジア海域。女性や華人などを通して東西世界がつながった、その近現代史を紹介。

1655 **ルネサンス　情報革命の時代**　桑木野幸司

新大陸やアジア諸国から流入する珍花奇葉、珍獣奇鳥、玄怪な工芸品……。発見につぐ発見、揺らぐ伝統的な知。この情報大洪水に立ち向かう挑戦が幕を開けた！

1692 **ケルトの世界** ――神話と歴史のあいだ　疋田隆康

日本でも人気の高いケルト文化。だが、その内実については激しい論争が展開されてきた。彼らは何者なのか？　神話と歴史学を交差させ、ケルト社会の実像に迫る。

1694 **ソ連核開発全史**　市川浩

史上最大の水爆実験から最悪の原発事故、原発大国ウクライナの背景まで。危険や困惑を深めながら推し進められたソ連の原子力計画の実態に迫る、かつてない通史。

1707 **反戦と西洋美術**　岡田温司

戦争とその表象という古くて新しい議論。17世紀から現代に至る「反戦」のイメージを手がかりに、その倫理的、あるいは政治的な役割について捉え直す。

1744 **病が分断するアメリカ** ――公衆衛生と「自由」のジレンマ　平体由美

なぜアメリカは、コロナ禍で世界最悪の死者数となったのか？　20世紀初頭以来の公衆衛生史を繙きつつ、収入・居住地域・人種などで分断された現状を探る。

ちくま新書

1185
台湾とは何か
野嶋剛
国力において圧倒的な中国・日本との関係を深化させる台湾。日中台の複雑な三角関係を波乱の歴史、台湾の社会・政治状況から解き明かし、日本の針路を提言。

1512
香港とは何か
野嶋剛
選挙介入や国家安全法の導入決定など、中国の横暴がすさまじい。返還時の約束が反故にされた香港。若者中心の抵抗運動から中米対立もはらむ今後の見通しまで。

1710
シン・中国人
——激変する社会と悩める若者たち
斎藤淳子
進む少子化、驚愕の結婚・住宅事情、若者世代の奮闘と苦悩……市井の人々の「ガチ素顔」を現地からレポート。圧縮された発展の激流の中で生きる中国人のリアル。

1812
中国共産党vsフェミニズム
中澤穣
女権主義（フェミニズム）は、中国を揺るがす危険な外国勢力⁉　蔓延する人身売買や暴力、不平等な待遇を批判する言葉を得た女性たちと政権の闘いを描く。

1431
習近平の中国経済
——富強と効率と公正のトリレンマ
石原享一
対米貿易戦争と成長鈍化で中国経済は重大な転機を迎えている。なぜ改革は行き詰まっているのか。中国は凋落していくのか。中国経済の矛盾を見つめ今後を展望する。

1563
中国語は楽しい
——華語から世界を眺める
新井一二三
中国語で書き各地で活躍する作家が、文法や発音など基礎を解説し、台湾、香港、東南アジア、北米などに華語として広がるこの言語と文化の魅力を描き出す。

1798
闇の中国語入門
楊駿驍
「我的精神快要崩潰了（私の精神はもう限界です）」。既存の中国語教科書では教えてくれない、心と社会の闇をあらわす45の言葉から、現代中国を理解する。

ちくま新書

1223
日本と中国経済
――相互交流と衝突の一〇〇年
梶谷懐
「反日騒動」や「爆買い」は今に始まったことではない。近現代史を振り返ると日中の経済関係はアンビバレントに進んできた。この一〇〇年の政治経済を概観する。

1258
現代中国入門
光田剛編
あまりにも変化が速い現代中国。その実像を政治史、文化、思想、社会、軍事等の専門家がわかりやすく解説。歴史から最新情勢までバランスよく理解できる入門書。

1345
ロシアと中国　反米の戦略
廣瀬陽子
孤立を避け資源を売りたいロシア。軍事技術が欲しい中国。米国一強の国際秩序への対抗……。だが、中露蜜月の舞台裏では熾烈な主導権争いが繰り広げられている。

990
入門　朱子学と陽明学
小倉紀蔵
儒教を哲学化した朱子学と、それを継承しつつ克服しようとした陽明学。東アジアの思想空間を今も規定するその世界観の真実に迫る、全く新しいタイプの入門概説書。

953
生きるための論語
安冨歩
『論語』には、人を「学習」の回路へと導き入れる叡智がある。その思想を丁寧に読み解き、ガンジー、サイバネティクス、ドラッカーなどと共鳴する姿を描き出す。

1043
新しい論語
小倉紀蔵
『論語』はずっと誤読されてきた。それは孔子をシャーマンとして捉えてきたからだ。アニミズム的世界観に基づく新解釈を展開。東アジアの伝統思想の秘密に迫る。

1292
朝鮮思想全史
小倉紀蔵
なぜ朝鮮半島では思想が炎のように燃え上がるのか。古代から現代韓国・北朝鮮まで、さまざまに展開されてきた思想を霊性的視点で俯瞰する。初めての本格的通史。

ちくま新書

1348 現代語訳 老子 保立道久 訳/解説

古代中国の古典「老子」。二千年以上も読み継がれてきたそのテキストを明快な現代語に解きほぐし、老子像を刷新。また、日本の神話と神道の原型を発見する。

1474 『論語』がわかれば日本がわかる 守屋淳

「上下関係」「努力信仰」「気持ち主義」……日本人を無意識に縛る価値観はどこから来るのか。学校や会社に浸透した『論語』の教えを手掛かりに、その淵源を探る。

1300 古代史講義 ――邪馬台国から平安時代まで 佐藤信編

古代史研究の最新成果と動向を一般読者にわかりやすく伝えるべく15人の専門家の知を結集。列島史の全体像が1冊でつかめる最良の入門書。参考文献ガイドも充実。

1391 古代史講義【戦乱篇】 佐藤信編

日本の古代を大きく動かした15の戦い・政争を最新研究に基づき正確に叙述。通時的に歴史展開を見通すとともに、時代背景となる古代社会のあり方を明らかにする。

1480 古代史講義【宮都篇】 佐藤信編

飛鳥の宮から平城京・平安京などの都、太宰府、平泉まで古代の代表的宮都を紹介。最新の発掘・調査成果をもとに都市の実像を明らかにし、古代史像の刷新を図る。

1579 古代史講義【氏族篇】 佐藤信編

大伴氏、物部氏、蘇我氏、藤原氏から源氏、平氏、奥州藤原氏まで――各時期に活躍した代表的氏族の展開を、最新研究から見通し、古代社会の実情を明らかにする。

1746 古代史講義【海外交流篇】 佐藤信編

邪馬台国・倭の五王時代から、平安時代の鴻臚館交易まで、対外交流のなかから日本という国が立ち現れてくる様を、最新の研究状況を紹介しながら明らかにする。